SEMEZ CE QU'IL VOUS PLAÎT !

Réussir ses semis en pleine terre
ou sous abri

À Maxime, pour ton soutien sans faille et tes yeux le soir du 21 mars 2023.
À Louison, pour toutes les graines que tu sèmeras dans ta vie.

Création graphique : Atelier Zemonsta – Audrey Abbal-Duteille

www.lerouergue.com

Élise Ruiba

SEMEZ CE QU'IL VOUS PLAÎT !

Réussir ses semis en pleine terre ou sous abri

ROUERGUE

sommaire

A BICYCLETTE

AGIR POUR UN JARDIN VIVANT

Les bons livres sur le jardinage, c'est comme les bons morceaux de rock : on est d'accord, ils ont déjà tous été écrits. Ce n'est pas pour autant que je ne découvre pas de nouveau groupe ou de nouveau morceau que j'affectionne, et heureusement ! Alors voilà, ce livre est né, il est ma petite pierre apportée à l'édifice des jardins littéraires et il est maintenant entre vos mains.
Ce livre n'est ni un écrit purement méthodologique ni un document scientifique sur les semis. J'y expose avec sincérité ma façon d'aborder le jardinage, d'être au potager, de donner naissance à mes propres semis. Depuis sept ans, je commets des erreurs (beaucoup !), j'expérimente, j'apprends et je consigne et partage ici avec vous une grande partie de ces réflexions.
La première chose que j'ai apprise en jardinant est l'humilité. Quand je me suis lancée, j'ai immédiatement connu un échec cuisant. J'ai conscience de mes insuffisances, de mes faiblesses et je ne cherche à tirer aucun prestige de mon aventure au potager. Aujourd'hui encore, je peux passer six semaines à bichonner un semis qui va se faire dévorer par une limace en moins d'une nuit au moment du repiquage en pleine terre. Le vivant me fait comprendre chaque jour qu'il est plus grand que moi, et c'est très bien comme ça.

À l'heure où j'écris ce livre, il va sans dire que le monde connaît une crise environnementale sans précédent. L'idée n'est pas ici de faire un état des lieux des décisions politiques dramatiques prises par les gouvernements occidentaux. Il s'agit plutôt de « faire sa part », comme disait l'autre. Pour cela, je suis convaincue que la réponse est simple et unique : agir pour le vivant. Pour garantir la préservation des sols, de la faune et de la flore, de la biodiversité, des cours d'eau et des océans… Chaque jardinier a la possibilité de s'engager concrètement et d'agir au quotidien. C'est dans ce but que j'ai commencé à semer les premières graines pour cultiver mon potager.

En se reconnectant avec les saisons au fil des semis, on se rend compte de tout un tas d'aberrations. Sous prétexte de partager un apéro entre amis, on achète une boîte en plastique de tomates cerises cultivées sous serre chauffée et labellisée « Haute Valeur Environnementale ». On craque pour une barquette de fraises pour se faire plaisir au dessert en plein mois de février. On mange des pommes de janvier à décembre sans même savoir quelle en est la période de récolte ou encore si elles sont cultivées près de chez soi ou importées d'Asie. Loin de moi l'idée de culpabiliser qui que ce soit, je ne suis pas irréprochable. Mais quand on cultive ses légumes (et parfois même ses fruits), on repense inévitablement son mode de consommation. On sème quand c'est le moment de semer, pas avant, pas

après. Il ne faut pas louper le coche et je vous expliquerai par la suite que cela demande une rigueur particulière.
Lorsque l'on cueille le produit de la graine que l'on a semée, on le savoure comme jamais. La première feuille de salade, la première tomate cerise, le premier radis… Les couleurs, les odeurs, les goûts, les textures, les sons, je me souviens de tout !

Semer, c'est se nourrir. Alors, bien sûr, je ne parlerai pas ici d'autonomie alimentaire. Je n'ai pas la prétention de produire l'intégralité de l'alimentation de mon foyer, ni même ne serait-ce que l'intégralité de mes légumes. Mais on peut peut-être simplement parler de liberté de consommation ? J'expliquerai dans ce livre à quel point il est important de commencer petit lorsque l'on se lance dans le jardinage. *Chi va piano va sano e va lontano*[1], dit toujours mon papa. Alors, quand je me rends compte que je n'achète plus de salade car je les produis moi-même et qu'elles sont dix fois meilleures que celles trouvées sur le marché et cent fois meilleures que celles vendues en sachet au supermarché, oui je suis satisfaite.

Parler de semis me met dans un état de joie incomparable. Comme un cycliste qui parle de son sport, ou un artisan de son métier. Semer, c'est prendre du plaisir, s'amuser, s'émerveiller et être fier de soi. Cela me procure tellement de sentiments et d'émotions de voir pousser une graine, grandir un plant, mûrir un légume… C'est quelque chose qu'il faut vivre pour comprendre.

Et puis, bien sûr, semer c'est aussi rater. C'est aussi des frustrations, des échecs, des tentatives infructueuses, des remises en question, des découragements… On n'est rien face au vivant. On ne peut pas prévoir la météo, on ne peut pas complètement repousser les ravageurs, on ne peut pas éviter toutes les maladies, on ne peut pas venir à bout de toutes les adventices qui nous envahissent. Au potager, parfois, cela ne fonctionne pas. Alors, on apprend et on recommence. D'ailleurs, lire ce livre et toute la littérature sur les semis ne suffira pas : il va falloir expérimenter pour pouvoir comprendre par vous-même… Marcel Proust a écrit : *Il n'y a pas de réussite facile ni d'échecs définitifs.*
Puisse ce livre être pour vous une porte d'entrée vers l'univers foisonnant des semis. Qu'à travers lui, je réussisse à vous prendre par la main et vous emmener sur le chemin du potager. Vous montrer que faire ses propres semis est une pratique à la fois pleine de sens et d'engagement mais aussi simplement légère et ludique.

[1] Proverbe italien qui a pour traduction littérale « Qui va doucement va sainement et va loin » et pour équivalent français « Rien ne sert de courir, il faut partir à point. »

TOUT COMMENCE
PAR UNE GRAINE

Qu'est-ce qu'une semence ?

La question des semences est tellement vaste que cela me paraît vertigineux de l'aborder ici. Je pense que si l'on me laissait faire, je serais capable d'écrire un livre entier sur ce sujet. Mais ce n'est pas l'objet de celui-ci. Aussi, je vais tenter de vulgariser au maximum le grand bazar des semences.
Tout le monde visualise ce qu'est une graine, n'est-ce pas ? Êtes-vous pour autant capable de différencier une graine de tomate d'une graine d'aubergine ou encore d'en expliquer le cycle ? Pas sûr que ce soit évident pour tout le monde…

Il me semble que ce qu'il faut avoir en tête, c'est que les semences sont à la base de toute la production de notre alimentation : les fruits, les légumes et les céréales en sont issus.
Pendant des siècles, les agriculteurs ont cultivé et sélectionné des graines adaptées à leur terroir. Avec le développement des industries semencière et agrochimique, certaines variétés ont disparu, jugées insuffisamment productives, difficiles à conserver ou peu résistantes au transport sur longue distance… L'objectif étant de tendre vers une standardisation de la production et une consommation accrue d'intrants chimiques. Depuis 1949, en France, les grands groupes imposent aux agriculteurs un nombre restreint de semences à travers un catalogue officiel des espèces et variétés de plantes cultivées. Pour la plupart difficilement reproductibles à l'identique. Pour les amateurs, depuis 2020, la circulation et la vente de semences reproductibles est à nouveau autorisée. Mais que signifie « reproductibles » ?
Dans les (très) grandes lignes, on peut dire que l'on trouve deux sortes de semences disponibles dans le commerce : les variétés hybrides et les variétés reproductibles. Les graines hybrides sont aussi appelées « F1 », ce qui signifie qu'il s'agit de la première génération après un croisement entre deux variétés appartenant à la même espèce de plante. Prenons pour exemple la tomate. Les variétés de tomates que l'on va croiser vont être sélectionnées pour leur qualité esthétique, gustative, résistante, productive ou encore précoce… On peut choisir de sélectionner une première variété pour la grosseur de son fruit et une seconde pour sa précocité, et hop on se retrouve avec une variété de tomate qui donne de gros fruits, assez tôt dans la saison !
Contrairement aux idées reçues, les plants hybrides ne sont pas stériles. Leur particularité, c'est que si l'on veut récolter leurs graines pour les semer l'année suivante, le résultat promet d'être assez aléatoire et on ne sait pas vraiment quels gènes s'exprimeront en deuxième génération. En gardant notre exemple, cela pourra être les deux gènes identiques à ses parents, juste celui de la précocité, juste celui de la taille des fruits ou même aucun des deux ! Parfois, on a de bonnes surprises, et parfois de mauvaises… Cette incertitude oblige les jardiniers et les agriculteurs à acheter chaque année de nouvelles graines pour être sûrs de cultiver des plants identifiés. Pour résumer, la graine F1 a été développée par les industriels pour garantir des résultats plus rentables et rapides. Les croisements de variétés peuvent être commercialisés dès la première génération, alors que créer une nouvelle variété stable et reproductible à l'identique nécessite un recul de cinq à dix générations. Quand la variété est fixée,

elle transmet à sa descendance l'intégralité de ses gènes et ses graines peuvent être récoltées pour donner la même tomate à l'identique ensuite. C'est ce que l'on qualifie de semences reproductibles. Certaines de ces semences sont dites « anciennes » car cultivées depuis des dizaines d'années tandis que d'autres sont plus récentes. Pour rester sur notre exemple de la tomate, on trouve la Cornue des Andes en tant que variété ancienne et la Black Zebra en tant que variété plus récente.
Grâce aux semences reproductibles, on est capable d'adapter les variétés aux différentes zones climatiques ou encore aux saisons. Savoir et capacité perdus avec la standardisation. À titre d'exemple, la laitue Reine de juillet sera très appropriée pour un semis d'été alors que la laitue Blonde de printemps le sera moins, elle sera moins résistante à la chaleur et aura tendance à monter en graines rapidement.

Le choix des semences

Personnellement, j'ai fait le choix de n'utiliser que des semences reproductibles. Je fais un potager pour avoir des fruits et légumes goûtus et une bonne productivité. Si en plus de cela, je peux obtenir des variétés que l'on ne trouve pas forcément sur les étals et qui ravissent les yeux par leur beauté et leur originalité, c'est encore mieux ! Lorsque je suis satisfaite d'une variété, j'en récupère les graines afin de les conserver, les partager et les semer à nouveau l'année suivante. On parlera d'ailleurs de la récolte de semences un peu plus loin (voir page 26).

Faire le bon choix au moment de la sélection des semences est une étape importante car cela détermine la future récolte des fruits, légumes ou céréales que l'on cultive chez soi. Il s'agit souvent d'une activité hivernale, lorsque l'on rêve au futur potager que l'on va faire pousser…
Comme tout type de produit, la graine subit la loi du marché et la concurrence. Ainsi, il me semble assez intéressant de jeter un œil sur l'origine des semences que l'on achète. Beaucoup de semences – biologiques et reproductibles y compris – sont récoltées aux Pays-Bas, en Italie, en Espagne… Parfois, l'origine des semences n'est même pas forcément mentionnée lorsque l'on achète en ligne sur des sites de groupements de semenciers. À mon sens, il va de soi de soutenir, autant que possible, les semenciers locaux et français.
Les jardineries proposent une gamme de semences intéressante. Cependant, je remarque que l'on trouve malheureusement encore trop souvent des graines produites par de gros semenciers qui sont souvent liés à la commercialisation de pesticides… Je ne citerai pas de noms. Pour ces raisons, j'achète la plupart de mes graines dans des salons ou des foires spécialisés ou sur Internet. On y trouve un choix incroyable de semences anciennes et originales ! Si vous vous intéressez de près ou de loin aux graines, vous avez certainement déjà entendu une grande partie de ces noms mais il me paraît tout de même important de vous indiquer quelques véritables conservateurs du vivant auprès desquels vous fournir les yeux fermés. Je ne cite ici que les fournisseurs que j'ai déjà testés et dont j'ai été satisfaite : Le Biaugerme, Essem'Bio, Germinance, La ferme de Sainte Marthe, L'Aubépin… Je vous invite aussi grandement à suivre le travail admirable du collectif Semences Paysannes, de l'association Kokopelli ou encore de la coopérative Graines del Païs. Par ailleurs, de plus en plus de petits paysans semenciers à leur compte se mettent à commercialiser leurs semences en direct. C'est le cas par exemple de La ferme sans nom et du Jardin des amoureux.
Lorsque l'on achète un paquet de graines, c'est, selon les variétés, plusieurs dizaines voire des centaines de graines que l'on reçoit d'un coup. Je me souviens de ma tête après avoir ouvert mon paquet de graines de pois fourrager pour semer de l'engrais vert dans mon jardin : des sachets immenses d'un kilo de graines… Ne possédant pas (encore) de champs à ma disposition, j'avais alors partagé tout ce stock autour de moi. Il peut être intéressant d'acheter ses graines à plusieurs pour éviter d'avoir un

trop gros stock qui dort. Cela permet également de pouvoir essayer différentes variétés d'une année sur l'autre sans gâcher !

Je suis une fervente défenseuse de la circulation des graines entre tous les jardiniers du monde. Pour cela, rien de tel que le troc et le don. Chaque année, je partage les récoltes de mes semences avec bon nombre de passionnés du potager. Je donne à mes proches mais j'envoie aussi des petites enveloppes à des gens connus sur les réseaux sociaux, j'en dépose dans les grainothèques autour de chez moi… Comme moi, vous pouvez vous rapprocher de la grainothèque la plus proche de chez vous, il y en a de plus en plus dans les médiathèques de nos villes et villages. Vous pouvez même lancer l'idée chez vous et en créer une, qui sait ?

Je vous conseille aussi de faire un tour sur la célèbre plateforme Graines de troc qui met en lien un tas d'usagers dans le but de faire circuler librement les semences. Enfin, sur le réseau social qui commence par F et qui finit par K, on trouve également toutes sortes de groupes de jardinage et d'échanges de graines.

Semences bio ou non ?

Quand on achète des semences conventionnelles (non biologiques), on sait qu'elles sont issues d'une exploitation qui a recours à l'utilisation de traitements chimiques. Une fois récoltées, les graines peuvent aussi être traitées pour une meilleure conservation. On pourrait acheter ce type de semences en se disant que si, par la suite, la culture du plant est naturelle et sans pesticide, il n'y aura plus aucune trace de l'infime quantité présente sur la graine au départ. Mais, à mon sens, chacun de nos achats soutient une économie et un système, autant favoriser le naturel et éviter tout produit chimique.

On trouve également chez beaucoup de semenciers des graines dites « non traitées » mais qui n'ont pas le label bio. Vous n'êtes pas sans savoir que la certification a un certain prix ainsi qu'un cahier des charges strict à suivre.

Les graines de tomates ont germé !

La germination

La germination d'une graine correspond à un ensemble d'étapes au terme desquelles elle donne naissance à une plante issue de la même espèce que la sienne.
Quand on ouvre nos sachets, on trouve des graines dans un état végétatif, c'est-à-dire que leur croissance est momentanément en pause. Elles restent dans cet état tant que les conditions de leur environnement ne sont pas idéales pour germer. La levée de dormance est le premier chapitre de la germination : l'enveloppe protectrice de la graine va ramollir au contact de l'eau et la suite du processus de germination peut commencer.
Notez que le temps de levée de la graine varie en fonction des espèces. Il peut aller de cinq jours pour certaines jusqu'à trente jours pour d'autres ! Certaines graines apprécieront d'être trempées plusieurs heures avant d'être semées, pour interrompre leur dormance et lever plus rapidement. C'est le cas notamment pour les grosses graines comme le haricot ou le pois, mais aussi pour les graines de persil, par exemple.

Après la levée, la suite de la germination correspond à l'apparition et la croissance de la petite plantule et de la racine principale créées par la semence. La plantule puise dans les réserves de la graine pour grandir, sortir de terre et atteindre la lumière : une puissance incroyable !
Pour cela, les graines ont besoin de la présence équilibrée de quatre éléments simples à mémoriser : de la lumière, de l'oxygène, de l'humidité et de la chaleur. Il faut être vigilant car l'absence ou le manque d'un seul de ces quatre éléments peut tout faire flancher. Par exemple, s'il y a trop d'eau ou s'il fait trop chaud, la levée ne fonctionnera pas. On expose donc les graines à un environnement le plus lumineux possible, à un substrat maintenu humide et aéré pour éviter moisissures et pourrissement et on leur fournit une température idéale. Il est important de savoir que chaque espèce que vous allez semer a son petit cocon climatique adapté, avec ses températures minimales et idéales de germination.

Le taux de germination

L'intégralité des graines que l'on trouve dans un sachet acheté dans le commerce ne lève pas à tous les coups. On appelle cela le taux de germination. Selon moi, un taux correct pour des semences achetées dans le commerce se situe entre 80 et 90 %. Je précise que l'on trouve rarement des graines à 100 % de réussite de germination. Des tests de germination sont régulièrement réalisés par les semenciers pour garantir une bonne qualité de graines à leurs clients. Cette indication est souvent présente dans les fiches descriptives des semences, parfois même directement sur le sachet.

Si vous faites vos semences vous-même ou si vous en récupérez, ce taux est inévitablement plus bas : approximativement autour de 50 à 60 %.

Il existe un moyen simple et efficace pour tester le taux de germination d'un lot de graines. Pour cela, prélevez un échantillon de dix graines. Placez-les dans des conditions optimales sur un papier absorbant mouillé et veillez à les garder bien humides jusqu'à la levée. Au bout de quelques jours, si vous avez six graines qui germent sur les dix, vous obtenez un taux de 60 % et ainsi de suite !

Temps moyens de levée

Aubergine	7-14 jours
Betterave	10 jours
Carotte	10-20 jours
Chou	10 jours
Concombre	7-10 jours
Courge	5-7 jours
Épinard	10 jours
Fenouil	10-20 jours
Laitue	7 jours
Melon	7-10 jours
Oignon	10-15 jours
Poireau	10-20 jours
Pois	7-10 jours
Radis	5-7 jours
Tomate	7-10 jours

Températures idéales de germination

Aubergine	20-25 °C
Betterave	15-20 °C
Carotte	15-20 °C
Chou	10-15 °C
Concombre	15-20 °C
Courge	20-25 °C
Épinard	10-15 °C
Fenouil	15-20 °C
Laitue	10-15 °C
Melon	20-25 °C
Oignon	10-15 °C
Poireau	15-20 °C
Pois	10-15 °C
Radis	10-15 °C
Tomate	20-25 °C

Attention, il s'agit ici de fourchettes de températures idéales pour que la graine germe et non de la température minimale ou maximale.

À NOTER : pour les aromatiques comme l'aneth, le basilic, la coriandre, le persil… je vous conseille de maintenir vos semis à une température entre 15 et 20 °C.

PRODUIRE SES PROPRES SEMENCES

TOMATE
Bonne tomate
PHYSALIS
microferme des

Pourquoi produire ses graines ?

Quand on commence à s'intéresser au potager et aux graines, un catalogue des semences devient clairement un catalogue de jouets de Noël et on attrape facilement la collectionnite aiguë... Pour autant, les graines ont un prix – qui a tendance, comme tout le reste, à augmenter – et on peut s'éviter une partie de ces dépenses en les produisant nous-mêmes. La première raison est donc simplement financière.

En produisant nos propres graines, on habitue petit à petit la variété à notre environnement et notre climat local. Les plants qui ont été cultivés chez vous une année vont s'être familiarisés avec le milieu dans lequel ils ont évolué et vont donc produire des graines plus adaptées aux réalités de celui-ci. Certaines personnes sélectionnent même les semences issues de plants qui ont rencontré des maladies comme le mildiou pour tenter d'obtenir des graines plus résistantes. J'ai moi-même tendance à prélever les graines des plants qui ont montré des particularités intéressantes : résistance à la sécheresse, aux maladies, belle productivité, goût exceptionnel...

Il est important d'avoir en tête que 90 % des semences en Europe appartiennent uniquement à cinq entreprises. Elles contrôlent non seulement ce que l'on sème mais donc aussi ce que l'on mange. Produire, récolter, conserver et partager les semences, c'est briser notre dépendance aux gros groupes producteurs et détenteurs des semences mondiales. Et dans un sens, tendre vers une souveraineté alimentaire. La volonté derrière cela est de préserver et protéger la biodiversité à travers les différentes variétés potagères. Sans cette pratique, certaines variétés locales auraient pu disparaître, mais elles ont parfois été sauvegardées grâce à des amateurs. C'est le cas par exemple du chou de Lorient ou encore du chou frisé Torzella. Grâce à la conservation des semences, on assure la transmission des traditions de ce qui est cultivé dans les champs et les jardins mais aussi des traditions culinaires. À ce titre, il me semble qu'il s'agit là d'un acte engagé et militant.

Des graines comestibles

La montée en graines offre parfois de belles surprises, au-delà des semences reproductibles. En effet, c'est comme cela que j'ai découvert que les fruits du radis étaient comestibles. Quand il monte en graines, le radis produit de longues tiges fournies de cosses vertes et pointues. Ce sont les petites cosses qui enveloppent et contiennent les graines, on les appelle les siliques. Quand elles sont jeunes, bien fraîches et vertes, elles sont croquantes, juteuses et délicieuses !
On peut également utiliser les graines de coriandre ou d'aneth en cuisine, par exemple.

Plant de blettes monté en graines.

La montée en graines

La vie des plantes est constituée de différentes étapes pendant lesquelles elles se transforment et utilisent plus ou moins leurs ressources. Au début de leur croissance, elles développent leur système racinaire et leur feuillage en mettant des forces en réserve. Puis, c'est le moment de la reproduction ou encore de la montée en graines : la plante en fleurissant va produire les semences qui assureront sa propagation. Pour les légumineuses, les légumes fleurs et les légumes fruits, c'est une bonne nouvelle car cela annonce l'arrivée des récoltes à venir. Pour les légumes racines et les légumes feuilles, c'est la fin des haricots… Les salades et les radis produisent par exemple une hampe florale qui les rendra plus amers et rigides. La partie destinée à être mangée vieillit prématurément et finit par ne plus être consommable. Cette étape peut advenir à la fin de la croissance de la plante… Ou en plein milieu !
Qu'est-ce qui crée cette montée en graines ? Souvent, les températures trop élevées la journée, couplées à des nuits pas assez fraîches qui ne descendent pas en dessous de 18 °C. L'augmentation de la durée des jours est également un facteur important. La plupart du temps, c'est le manque d'eau qui est décisif et qui provoque à la plante un stress hydrique néfaste.

Si votre but est de continuer de cultiver vos légumes et non de récolter vos graines, j'ai trouvé quelques astuces pour essayer d'endiguer ce problème. Dans un premier temps, je m'efforce de respecter scrupuleusement les dates de semis et de repiquages mentionnés sur les sachets de graines ou les fiches de culture de celles-ci. Ensuite, si la chaleur s'installe, j'arrose le soir tard pour faire baisser la température du sol et j'évite ainsi l'évaporation de l'eau due au soleil. Je m'efforce aussi de ne jamais repiquer de plants en pleine terre en période de forte chaleur pour éviter un stress hydrique en plus de celui du repiquage.

Si vous laissez monter votre plant en graines, il fleurira à foison en nourrissant les pollinisateurs et en vous fournissant des semences pour l'an prochain !

Mes graines de pois pour l'an prochain.

Quand et comment récolter ?

Avant de récolter vos semences, assurez-vous qu'il s'agit bien de plants issus de graines reproductibles, comme abordé précédemment. Il est important de toujours récolter vos graines par temps sec. Cela évite tout risque de pourrissement, de contamination et de non-germination par la suite. On prélève les semences à partir d'un plant en bonne santé, qui nous semble productif et vigoureux. Par exemple, notre plus belle courge ou le pied de haricots qui a le mieux donné.

En fonction de leurs espèces, les plantes ont plusieurs façons de se reproduire. Pour les légumes fruits comme la tomate ou le melon, c'est à l'intérieur des fruits que l'on récupère les pépins qui sont aussi les graines qui nous intéressent. Pour cela, on prélève les pépins d'un fruit arrivé à pleine maturité. On remarque que ceux-ci sont entourés d'une fine pellicule gélatineuse néfaste pour une bonne conservation. Pour l'enlever, on les place dans un verre rempli d'eau. Deux à cinq jours plus tard, une couche blanchâtre s'est formée à la surface du verre, preuve qu'une fermentation a eu lieu. On vient délicatement la retirer avec une cuillère puis rincer les graines à l'aide d'un tamis. Elles sont maintenant débarrassées de leur pellicule, magique ! On les laisse sécher un ou deux jours à l'air libre, sur une assiette par exemple. On peut enfin les ranger pour les conserver (voir page 37). Attention, s'il reste le moindre morceau de chair, la graine risque de pourrir en étant stockée et de faire pourrir les autres.

Pour les légumineuses, les graines sont en fait la partie du légume que l'on mange. Pour un petit pois, il s'agit du pois lui-même, pour un haricot du grain à l'intérieur de la cosse… Attendez que la cosse sèche et noircisse sur le plant pour les ôter et récolter les grains bien secs à l'intérieur. Souvent, pour ces semences, on leur fait faire un séjour au congélateur afin d'éviter que des bêtes ne soient logées à l'intérieur. Une journée suffit et on stocke ensuite.

Pour les légumes feuilles et racines, les aromates et les fleurs, il vous suffit de laisser les plants en place au potager en attendant la fin de leur cycle. Les fleurs vont laisser place à des graines qui vont sécher et que l'on va pouvoir ensuite récupérer en les frottant entre les deux mains au-dessus d'un récipient. On peut aussi placer un sachet kraft sur la partie contenant les graines et secouer légèrement le sac afin de les faire tomber à l'intérieur.

Pour plusieurs espèces comme les radis ou les choux, par exemple, les graines sont contenues dans les siliques, des sortes de cosses. Veillez à ce que celles-ci soient bien sèches avant de les cueillir pour récolter les graines.

Pour pouvoir identifier correctement les semences et ne pas se mélanger les pinceaux, il est très important de les étiqueter. Notamment au moment même de la récolte, si vous en prélevez plusieurs variétés ou espèces. Je place mes récoltes dans des sachets kraft ou des petites boîtes de récupération sur lesquels j'écris directement ce dont il s'agit au moment de la cueillette pour éviter toute confusion.

Sur le sachet dans lequel je les place ensuite, je note également la date de récolte et parfois quelques informations supplémentaires de culture que j'ai pu observer pendant la saison : exposition idéale, arrosage, date de récolte…

Tout cela peut sembler long et compliqué à réaliser mais je vous assure que c'est un jeu d'enfant de ramasser ses graines. C'est d'ailleurs une super activité à réaliser avec les plus jeunes. On commence par choisir une espèce assez facile comme les petits pois, les radis ou les calendulas. Cela éveillera la minutie, la patience et la précaution chez les enfants. Il y a une grande satisfaction à récolter toutes ces petites graines, comme des trésors. On peut même en profiter pour proposer quelques exercices de mathématiques ou aborder des notions de biologie !

Sécher et conserver les graines

L'étape clé est celle du séchage des semences. On place les graines dans un endroit chaud et sec, à l'abri d'une source de lumière directe. Attention, surtout on évite de placer les graines sur une source de chaleur car cela peut les endommager et mettre en péril leur pouvoir germinatif. Donc on oublie les radiateurs ou les poêles à bois en pensant accélérer le processus de séchage. On pensera bien à retirer toutes les graines noircies, moisies ou encore humides avant de les stocker.

Pour bien conserver ses semences, il est nécessaire de les placer dans un milieu qui les empêche de germer. Il leur faut un lieu sec et aéré, autour de 10 °C. Sachez qu'une graine conserve son pouvoir germinatif même en subissant des températures négatives ! Un des éléments de la réussite d'une bonne conservation est la constance de la température et du taux d'humidité. S'il y a de trop grands écarts, les graines risquent d'être stressées et de vieillir prématurément. On comprend donc facilement qu'un abri de jardin ou une serre ne sont pas de bons endroits de stockage.
Il est important de garder en tête que les graines sont vivantes et donc qu'elles respirent. Pour les conserver dans les meilleures conditions, je ne les enferme jamais dans un bocal en verre qui les priverait d'oxygène. Par contre, je les protège de la lumière en les mettant dans une enveloppe opaque. Je récupère souvent les enveloppes de mes courriers ou je crée des enveloppes à partir de papier de brouillon ou de papier journal. Je range ensuite toutes mes petites enveloppes dans un meuble en bois avec plein de petits tiroirs que j'ai chiné. Une simple boîte à gâteaux en métal ou une boîte de rangement en plastique seront tout aussi parfaites !
La durée de conservation des graines se situe entre deux et cinq ans en moyenne. La date limite de conservation est une mention obligatoire, elle est donc toujours indiquée sur les sachets de semences que l'on trouve dans le commerce. Ce qui est bon à savoir, c'est qu'elle est indicative, cela ne veut donc pas dire qu'elles ne germeront jamais au-delà. Pour ma part, je possède des graines glanées à droite à gauche en 2016 qui germent encore très bien. Vous l'avez sûrement en tête mais je précise que la capacité germinative des graines décroît avec le temps, cela varie d'une espèce à l'autre et aussi en fonction des conditions de conservation. Il convient donc de les utiliser assez rapidement pour éviter de les gâcher. N'oubliez pas le petit test de germination dont on a parlé un peu plus tôt (voir page 24), cela peut vous donner une bonne indication sur la capacité de germination à l'instant T.

ACTIVITÉ HIVERNALE : FABRICATION D'UNE ENVELOPPE

L'été, on a déjà tellement de choses à faire au potager que trouver le temps de s'occuper des semences devient parfois une corvée… À mon sens, tout ceci doit rester une partie de plaisir. Pour cette raison, je récolte toujours les semences en vrac dans des gros sachets kraft et je m'en occupe plus attentivement durant l'hiver. En plus, je replonge dans des souvenirs du jardin, dans des odeurs oubliées… Cela prolonge la saison !

1 - On utilise une feuille de papier recyclé, que l'on coupe pour obtenir un format carré. On plie ce carré en deux de manière à faire un triangle et on le positionne la pointe vers le haut.

2 - On plie la pointe de droite sur le côté gauche du triangle.

3 - Même chose de l'autre côté.

4 - On finit par replier la première feuille du triangle du haut dans la fente créée par le pliage de la pointe de gauche. Et voilà, une belle pochette pour y glisser vos semences !

1
2
3
4

Durée moyenne de conservation des semences

Aubergine	6 ans
Betterave	6 ans
Carotte	4 ans
Chou	5 ans
Concombre	10 ans
Courge	4 ans
Épinard	4 ans
Fenouil	4 ans
Laitue	4 ans
Melon	7 ans
Oignon	2 ans
Poireau	2 ans
Pois	2 ans
Radis	4 ans
Tomate	4 ans

Niveau de difficulté de conservation des semences

Facile	Pois, basilic, radis, la plupart des fleurs…	Rien à faire à part récolter les semences une fois qu'elles ont bien séché sur le plant.
Intermédiaire	Tomate, melon, aubergine…	Opération de lavage des semences à réaliser.
	Carotte, blette, persil…	Plantes bisannuelles à identifier, ne produisent pas leurs semences la première année.
Difficile	Maïs, courge…	Difficulté liée au risque d'hybridation suite à une pollinisation croisée.

La pollinisation croisée

On notera que lorsque l'on parle de « semences hybrides » (comme dans la partie 1 : Qu'est-ce qu'une semence, p. 15), il s'agit d'une hybridation provoquée, créée par la main de l'homme. Biologiquement, l'hybridation est le résultat de la fécondation naturelle de l'ovule d'une plante par du pollen d'une autre plante de la même espèce. On l'appelle aussi la pollinisation croisée.

Les insectes pollinisateurs en sont à l'origine mais ce peut être également le vent, un animal, etc. Par exemple, une abeille va butiner une fleur mâle d'une variété X et ensuite voler au-dessus ou se poser dans une fleur femelle de variété Y. L'année en cours, le fruit de la variété Y va se former et donner un fruit fidèle à cette espèce – sauf pour le maïs et le concombre de serre, mais on ne rentrera pas ici dans le détail. Mais si l'on décide de prélever ces semences afin de les semer l'année suivante, il est possible que le pollen de la variété X ait modifié les gènes de la variété Y et que cela donne une variété Z.

Pour éviter toute pollinisation croisée, les semenciers cultivent souvent les plantes sensibles sous abri pour empêcher les insectes et le vent de venir les polliniser malencontreusement. Il faudra alors réaliser la pollinisation entre les plants de la même variété manuellement. On peut aussi s'assurer que les plants sont à une distance suffisante pour être isolés de leurs congénères et à l'abri d'un transfert de pollen.

Ce risque d'hybridation est notamment très présent dans la famille des cucurbitacées qui comprend la courgette, la citrouille, le potiron, mais aussi la pastèque, le melon et le concombre ! Au sein de cette famille, on trouve différentes espèces. Par exemple, *Cucurbita pepo* comprend les courgettes, les pâtissons et les citrouilles. Et parmi cette espèce, les différentes variétés peuvent s'hybrider mais pas entre les différentes espèces. Une courgette et un melon ne pourront donc pas se reproduire. On entend parfois parler de courges hybrides qui seraient toxiques. Cela est dû à la culture de courges décoratives et non comestibles comme les calebasses ou les coloquintes.

Si vous ne cultivez que des courges comestibles, même en cas d'hybridation, le résultat ne sera pas toxique. Si vous avez le moindre doute sur une de vos courges (parfois certaines naissent dans le compost par exemple) : goûtez-en un petit bout cru. Si le goût est très amer, il ne faut pas la consommer.

FAIRE SES SEMIS

Tomates cerises Poire jaune, Cocktail clémentine et Black cherry.

Origines et diversité

Tout d'abord, réaliser ses semis permet de connaître l'origine des semences que l'on va cultiver dans son potager. Ainsi, on peut s'assurer de leur provenance, de leur qualité (qu'elles sont par exemple biologiques et/ou françaises) ou encore de leur taux de germination.
Choisir ses graines permet aussi de sélectionner les variétés que vous allez cultiver. Parce qu'il se trouve qu'il y a bien plus de diversité dans les semences que dans les plants disponibles sur le marché. Vous verrez ainsi que les haricots ne sont pas toujours verts, les tomates pas toujours rouges… Vous allez donc pouvoir vous faire plaisir avec des légumes de toutes les couleurs et de toutes les formes, des fleurs et des aromates tous aussi surprenants les uns que les autres !
Prenons l'exemple des concombres. 80 % de la production française de concombres que vous trouvez dans les supermarchés ou sur les étals de vos marchés est issue de graines (souvent hybrides) provenant des Pays-Bas. Ces fruits ont la peau bien lisse, ils sont droits et font tous une vingtaine de centimètres. Pourquoi ? Parce que pour la majorité des gens, c'est à cela que ressemble un concombre ! Je vous l'accorde, on connaît aussi assez bien le concombre court Noa, à la peau recouverte de petites épines, qui ressemble plutôt à un cornichon. Mais avez-vous déjà eu affaire à un concombre citron ? Tout rond et de la taille d'une orange, il passe du vert au jaune lorsqu'il est mûr et a un goût doux comme nul autre. Si vous choisissez et semez vos propres graines, vous pourrez aussi goûter au concombre serpent, un concombre arménien de variété très ancienne dont les fruits peuvent atteindre jusqu'à un mètre de long ! Le concombre cornu d'Afrique, aussi appelé Kiwano pourra finir de vous convaincre. Il produit des fruits jaune orangé, épineux, dont la chair gélatineuse et très juteuse a un goût à la croisée de la banane et du melon… Surprise garantie ! En privilégiant de partir de la graine plutôt que du plant, vous ouvrez la porte à un monde extraordinaire de goûts, d'odeurs, de textures et de couleurs. Semer met les sens en éveil !

En passant par le semis, on peut aussi utiliser les graines que notre grand-mère avait conservées avec précaution pendant des années et se délecter des mêmes haricots que ceux de notre enfance. Semer, c'est préserver une mémoire de notre patrimoine, à la fois familial mais aussi régional. On peut cultiver les mêmes plantes que notre sœur qui habite de l'autre côté de la France et remarquer l'influence du climat sur des cultures communes. On peut échanger, troquer, donner à tout va à des gens qu'on aime ou de complets inconnus. Semer, c'est créer du lien et du partage.

Chacun ses goûts

Souvent, quand on lance un potager, on a des idées un peu folles qui nous viennent en tête à coups de courges qui grimpent partout et de plants géants de tomates. Mais aimez-vous ça, les tomates ? Avez-vous un endroit pour conserver les courges tout l'hiver, une fois récoltées ?
Semer ses graines, c'est avant tout prendre le temps de les choisir. Réfléchir à ce que l'on aime manger, ce que l'on sait cuisiner, ce qui nous sert au quotidien… Vous aimez boire une petite infusion avant de vous coucher ? Peut-être pouvez-vous semer et cultiver de la mélisse citronnelle ou de la sauge. Vous êtes plutôt dessert et aimez les jolies couleurs, je vous propose de semer une ribambelle de fleurs comestibles et délicieuses. L'apéro, c'est votre dada ? Pas de souci, les tomates cerises, les cornichons et les jeunes carottes n'ont plus qu'à être lavés pour être croqués ! Bref, vous avez compris le concept : on ne sème que ce que l'on aime.

Pas de petites économies

D'un point de vue beaucoup plus terre à terre, je trouve qu'acheter des graines est plus économique que d'acheter des plants. À l'heure où j'écris ce livre, je me suis rendue en jardinerie pour relever les prix des plants de tomates : autour de 4 € pour un plant de variété ancienne. Le prix peut grimper jusqu'à presque 10 € pour un plant greffé (il s'agit d'une tige de variété de tomate souvent très productive « collée » sur un pied d'une variété de tomate très vigoureuse et robuste). Cette année, j'ai acheté un sachet de trente-cinq graines de tomates, donc potentiellement trente plants si le taux de germination est bon, pour 3,50 €. Si mes calculs sont corrects, le plant de tomate me revient donc à 0,12 € environ. Le choix est vite fait, vous ne trouvez pas ? Évidemment, à cela il faut ajouter le prix du terreau et du godet, mais on peut faire de la récup et cela reste tout de même dérisoire.
Un autre exemple avec le basilic. Qui n'a jamais cédé à la tentation d'acheter un plant de basilic en pot au supermarché ou en jardinerie ? Dans les grandes surfaces, les prix défient toute concurrence avec des premiers prix à 2 € pour des plants bio. En jardinerie, cela peut vite grimper à 5 €. En parallèle, un sachet de deux cents (minuscules) graines de basilic vaut environ 4 €. Je rappelle qu'avec deux cents graines, même avec un mauvais taux de germination autour de 50 %, on peut obtenir cent plants dudit aromate ! On arrive donc à 0,04 € le plant. Je vous vois venir, lorsque l'on achète des plants dans le commerce, ils sont souvent composés de plusieurs tiges et donc plusieurs semences… Mais, là aussi, on se rend vite compte des économies effectuées. Sans parler du fait que le basilic acheté dans le commerce sera souvent de la même variété (genovese ou marseillais), alors que vous trouverez des dizaines de variétés toutes plus étonnantes les unes que les autres du côté des semences : basilic citron, cannelle, thaï, tulsi, pourpre…
À cela, on peut ajouter le fait que le prix des légumes bio ne cesse d'augmenter. Chez mon maraîcher bio local, les tomates anciennes sont vendues 5 € le kilo. Parfois, quand il croule sous les légumes, il propose des colis de cinq kilos à 17 €. Dans mon potager, sur un pied de tomate, je peux récolter au minimum un kilo et jusqu'à une dizaine pour certaines variétés particulièrement productives ! Encore une fois, pour moi, le choix est rapide.

Étalement des cultures

Réaliser ses semis à l'abri peut s'avérer être une solution incroyable lorsque l'on a déjà des cultures en place au potager et que l'on souhaite faire une rotation de cultures en implantant une culture directement à la place d'une autre qui a fini sa croissance ou que l'on a récoltée. Au lieu d'attendre plusieurs jours, voire des semaines que la place se libère dans le potager, on sème ses graines dans des contenants, la croissance des plants y commence doucement et ensuite quand ils sont robustes et prêts à être repiqués en pleine terre, il en est fini de la première culture et on peut enchaîner sans période creuse.

J'applique par exemple cette méthode entre le printemps et l'été lorsque mes fèves donnent leurs dernières cosses et que c'est le moment d'implanter mes pieds de tomates à la place. Ou encore par la suite, lorsque les navets et les choux viennent relayer les tomates.

Enfin, ce n'est peut-être pas la raison principale et évidente pour tout le monde, mais je crois que c'est la première à mes yeux : le plaisir. Évidemment, cela demande énormément de temps, d'énergie et de patience. En général, je râle de février à mai : je n'ai plus de place, il me manque du terreau, j'ai égaré mes graines, il faut arroser trop souvent, c'est sale partout… Mais quel bonheur, quelle fierté, quel challenge de mener une culture de la graine à l'assiette ! Selon moi, il s'agit d'une expérience qui n'a pas sa pareille.

Humilité et tolérance

Évidemment, il m'arrive de rater un semis, voire toute une série ! Par exemple, une année, on a oublié les plants de tomates sur la terrasse pendant une nuit alors que les températures étaient négatives… Face à ce genre de mésaventure, on peut prendre le temps de tout recommencer et d'accuser du retard dans nos cultures. Mais on peut aussi dédramatiser et acheter quelques plants chez notre maraîcher en dépannage. Il n'y a pas de honte à cela et je suis sûre que c'est arrivé à tous les défenseurs des semis au moins une fois dans leur vie, moi y compris !

La planification en amont

J'aborderai tout le matériel nécessaire pour se lancer dans l'aventure des semis un peu plus tard dans ce livre. Ici, j'aimerais vous parler d'organisation et de planification en amont afin que vous puissiez éviter les erreurs que j'ai commises à mes débuts. Car, pour réaliser ses propres semis, il faut être organisé. Si ce n'est pas vraiment inné, on peut aussi choisir de bonnes méthodes ou de bons outils. Au fil des années, certaines choses sont devenues essentielles pour moi. Je vous raconte.

Faire un plan et aménager l'espace

Dans un premier temps, il me semble important d'imaginer le potager que l'on souhaite mettre en place. Pour cela, je vous propose de le coucher sur le papier. Cela peut prendre la forme d'une liste, d'un dessin, d'un schéma, d'un tableau… Vous êtes libre comme l'air ! L'élément à prendre en compte en premier est bien entendu l'espace à votre disposition. Comme je le disais dans l'introduction (voir page 11), c'est toujours une bonne idée de commencer petit. J'ai commencé à jardiner en ville, sur un balcon. J'avais quatre jardinières dans lesquelles je faisais pousser des aromates. Petit à petit, j'ai ajouté des pots, puis des cagettes rafistolées, puis de grands bacs en bois…

Si vous disposez d'un jardin, je vous propose deux méthodes pour aborder les choses : le carré potager ou la butte de culture. Le carré potager consiste à définir une zone de culture d'1 m sur 1 m autour de laquelle vous viendrez vous déplacer en veillant à ne pas marcher à l'intérieur. Il vous faudra souvent vous pencher pour accéder aux cultures mais vous pourrez y installer plusieurs cultures ensemble et ainsi réaliser de belles associations.

Une butte consiste à définir une « bande » de culture de 60 à 80 cm de large. Pour définir la largeur idéale, il vous suffit de mesurer deux fois la longueur de votre bras : vous pourrez ainsi accéder aux cultures de chaque côté de la butte simplement en le tendant. Pour ce qui est de la longueur, cela dépend de la place disponible dans votre jardin. Pour ma part, j'ai réalisé des buttes de 2 m de long. À vous de définir ce qui vous semble le plus adapté à votre espace, à votre corps et votre gestuelle, à vos envies…

Prévoir les quantités : ni trop ni trop peu

Je vous conseille de commencer petit également dans les prévisions de quantité de vos semis. La première année où j'ai réalisé mes propres semis, j'en ai fait dix fois trop. J'ai semé des graines super originales dont je ne savais rien : du shiso, du concombre à confire, des piments Red Cherry… Je me suis retrouvée à m'occuper de centaines de plants, de quoi fournir tout le quartier ! J'ai utilisé beaucoup de terreau, dû retrouver des contenants en catastrophe… J'ai donné beaucoup de plants et j'ai même dû en mettre au compost, quel gâchis ! Ne faites donc pas comme moi et pensez à sélectionner les légumes que vous avez envie de cultiver, ceux qui vous plaisent vraiment et que vous mangez au quotidien. Les fleurs que vous aimerez voir en faisant votre tour au jardin, pas celles qui font la une des réseaux sociaux. Les aromates dont vous raffolez et que vous allez prendre la peine de cueillir et non les laisser monter en graines sans même les regarder.

Vous l'avez compris, il est important de ne pas se laisser envahir par les semis, mais il faut aussi prévoir suffisamment de plants pour qu'il y en ait pour remplacer ceux qui se feront manger par toutes les bébêtes dont regorge le monde extérieur. Dites-vous que même avec la plus grande vigilance et les meilleures protections possibles, cela va forcément arriver. Par exemple, la première année, j'avais semé une dizaine de salades en pensant que cela me suffirait pour tenir les premières semaines de printemps… Mais c'était sans compter les attaques de gastéropodes en folie ! Je me suis retrouvée le saladier vide, à devoir semer à nouveau à la hâte en plein mois de mai et à acheter mes salades chez mon maraîcher. L'an dernier encore, j'avais repiqué une petite dizaine de tournesols, les imaginant déjà égayer le potager avec leurs pétales jaunes… Ils se sont tous fait dévorer et il ne m'en est resté aucun. Maintenant, pour prévoir le coup, je sème toujours au moins 10 % de graines supplémentaires et j'appelle cela « la part des autres ». Cette année, j'ai semé en godets une dizaine de graines de trois variétés de tournesols différentes. Au cœur de l'été, j'ai réussi à me réjouir de trois ou quatre tournesols de chacune de ces variétés qui ornent mon potager. Lorsque l'on jardine et que l'on travaille avec le vivant, il faut être prêt à tout prendre avec philosophie et humilité.

Tenir un journal de cultures

Cela peut être un beau cahier, des feuilles volantes réunies entre elles, un tableur Excel, un vieux calendrier de votre banque… Tant que vous vous y retrouvez et que c'est pratique pour vous ! Je note la date, ce que je réalise le jour en question et mes commentaires. Par exemple : le 17 février, semis de poivron Sweet Banana en godet, deux graines par godet. Ainsi, je peux suivre la levée de mes graines, savoir si les deux graines ont germé, mais aussi évaluer quand repiquer mes poivrons en godets individuels et même la date potentielle de leur récolte.

Ce journal permet aussi de prendre le temps d'établir un rétroplanning. Cette étape me paraît importante car chaque culture a sa propre temporalité. Pour des plants de tomates, il faudra semer au moins huit semaines avant d'imaginer repiquer le pied en pleine terre, alors que pour des courgettes deux à trois semaines suffisent si les conditions sont bonnes. On évite aux plants de végéter dans des godets trop serrés si l'on est trop en avance ou de repiquer en pleine terre des plants chétifs si l'on a pris du retard.

Étiqueter ses semis

C'est vraiment le geste que je ne faisais pas au début en me disant que, évidemment, je me souviendrai de ce semis auquel j'ai consacré tant de temps et de minutie… Puis on en sème une dizaine derrière et, inévitablement, on oublie ! J'utilise des bâtonnets de glace récupérés et j'écris le nom précis des variétés au crayon de papier dessus. On peut aussi y noter la date pour suivre la levée et la croissance. Exit les feutres qui coulent, l'idée d'écrire sur le contenant lui-même ou les étiquettes qui se décollent en moins de deux. Certaines personnes découpent des morceaux de bouteille en plastique et écrivent au marqueur dessus avant de les planter dans les godets. Vous pourrez aussi trouver des étiquettes spécifiques dans tous les matériaux possibles et imaginables en jardinerie… N'oubliez pas : la meilleure solution sera la vôtre !

Dédier un espace et un temps au potager

On a toujours tendance à tout éparpiller, c'est du vécu. Pour éviter d'envahir votre intérieur de sachets de graines ou de pots et de mettre du terreau partout dans votre cuisine, prévoyez une zone spécifique de travail pour vos semis. Vous y rangerez vos semences et tout votre matériel. Dédiez aussi un endroit qui sera la zone dans laquelle vous entreposerez vos semis à l'abri. Chez moi, il s'agit de la véranda, donc c'est plutôt simple mais cela a longtemps été un coin de mon salon bien exposé derrière ma baie vitrée. Pour cela, il faut prévoir de dégager ce coin pendant plusieurs semaines et d'y installer une petite table basse ou les meubles de votre choix pour accueillir vos futurs protégés.
Qui dit planification dit horaires. Je ne peux que vous conseiller de prendre le temps de définir en amont de combien de temps vous disposez pour jardiner. Cela évite de se faire déborder ou d'avoir un sentiment d'inachevé. Vous ne serez pas le même jardinier si vous travaillez à temps plein avec deux enfants à charge que si vous traversez une période d'inactivité et que vous êtes libre de toute contrainte temporelle. Je vous conseille de vous fixer une charge de travail hebdomadaire pour commencer et de voir si vous vous y tenez (je parie qu'elle sera vite augmentée, vous verrez !). Pour ma part, j'ai commencé en me disant qu'il s'agirait d'un passe-temps et que je souhaitais consacrer au jardinage deux à trois heures par semaine… Et je me retrouve aujourd'hui avec plus d'une dizaine d'heures passées dans le potager. Un véritable job supplémentaire !

Des blettes surgelées au potager !

Des semis toute l'année

Souvent, lorsque l'on parle de semis, on pense à ceux effectués en début d'année pour lancer la saison et avoir de beaux légumes d'été, notamment les légumes du soleil comme les tomates ou les aubergines. Mais il se trouve que les semis, c'est possible toute l'année !

Limiter les risques et la surproduction

Avec l'expérience, j'ai appris une astuce primordiale que je vous dévoile ici : semer par petites quantités mais en plusieurs fois. On a souvent tendance à lancer des dizaines de plants d'une traite en voulant tout voir pousser rapidement, mais je pense qu'il s'agit d'une fausse bonne idée. Échelonner les semis permet dans un premier temps d'en avoir sous la main en cas de pépin. Imaginez qu'un coup de froid arrive alors que vous avez déjà repiqué vos premiers plants au potager ? Grâce aux plants encore à l'abri, vous pouvez sauver la mise ! Si vous lancez plusieurs séries de semis à l'abri, vous serez en mesure d'implanter vos cultures à différentes dates espacées. C'est, par exemple, avantageux quand on a une serre et que l'on souhaite réaliser une série de plants de tomates à repiquer avant le mois de mai – top départ pour le repiquage à l'extérieur. On lance une série de semis spécifique aux tomates en serre et deux ou trois semaines plus tard, une autre pour les tomates que l'on placera à l'extérieur. En échelonnant les semis, on assure aussi une production et une récolte constantes. C'est le cas notamment pour la culture des laitues ou des radis. J'ai pris l'habitude d'en semer toutes les trois semaines et grâce à cela, j'ai des légumes à récolter au fur et à mesure. Cela évite de crouler sous les récoltes une semaine et de subir une disette la suivante. J'applique d'ailleurs cette méthode pour à peu près toutes les cultures : les haricots, les petits pois, les courgettes… Quand vos deux ou trois pieds de courgettes donneront tous en même temps et que vous n'en pourrez plus d'en manger à toutes les sauces, croyez-moi, vous repenserez à moi ! Dans mon potager, je repique le premier plant de courgette en place début mai et je peux aller jusqu'à en repiquer quatre autres dans la saison jusqu'à la fin du mois de juillet, en fonction de la productivité des plants et donc des récoltes. Cela permet aussi de varier les plaisirs avec différentes variétés : courgettes jaunes, vertes, striées, rondes…

Des légumes (presque) toute l'année

On pense instinctivement à notre potager regorgeant de fruits et légumes en plein été et peut-être moins à un potager qui nous nourrirait presque toute l'année. Ainsi, certaines cultures peuvent se semer et s'implanter au potager pendant une large partie de l'année. C'est le cas par exemple des laitues que l'on peut semer dès le mois de février et jusqu'en septembre, en choisissant habilement les variétés. On peut ainsi se régaler de bonnes salades de mars à octobre, voire plus longtemps si l'on possède une serre ! Sans pour autant être cultivées sur une si longue période, certaines cultures comme les carottes peuvent être semées en place au potager de mars à août, pourquoi s'en priver ? Il en va de même pour les haricots que l'on peut commencer à semer dès que le sol s'est réchauffé au début du mois de mai et ce jusqu'à la fin juillet. Vous voyez donc que l'on sème des graines sur une période bien plus longue que quelques semaines début mars.

Un potager d'hiver

Si l'on joue les prolongations, on peut même aller jusqu'à semer un magnifique et généreux potager d'hiver. J'ai mis plusieurs années avant d'imaginer mon potager productif une fois le mois de septembre passé. Cela demande une organisation rigoureuse, un espace assez vaste et surtout d'être présent pour s'occuper de tout cela pendant la période estivale. Car c'est quand l'été bat son plein et que beaucoup sont en vacances que l'on prépare le potager d'automne et d'hiver. Au mois d'août, on peut notamment semer nombre de graines en contenants : les laitues et la mâche qui rempliront nos saladiers, de beaux choux chinois Pak choï ou Tatsoi, de la moutarde Osaka Purple ou encore des épinards Géants d'hiver (pas de panique, en annexes vous trouverez une liste de variétés testées et approuvées par mes soins. Également à votre disposition, un calendrier avec les dates auxquelles semer telle ou telle culture.) Tous ces petits semis vont être en proie au soleil et à la sécheresse de l'été. Il est impératif de les protéger du soleil trop fort en les plaçant sous un arbre par exemple et de veiller à garder le substrat bien humide en permanence. Sans cela, les conditions idéales ne seront pas réunies pour la germination des graines et la bonne conduite des cultures, souvenez-vous !
C'est aussi le moment de repiquer au potager les plants de choux divers et variés que l'on a semés au mois de juin. En pleine terre, on pourra également semer des graines de navets ainsi que les dernières betteraves. Pour pouvoir implanter toutes ces nouvelles cultures, il va de soi qu'il nous faut de la place au potager. Pour cela, il est nécessaire d'y penser au préalable, de s'organiser et de pratiquer la rotation des cultures.

En maraîchage, on distingue quatre grandes familles de légumes :

- les légumes racines,
- les légumes feuilles,
- les légumineuses,
- les légumes fruits.

À chaque emplacement du potager, on serait supposés cultiver une espèce de légume de chacun de ces groupes à la fois. Par exemple, on ne cultive pas les blettes avec les épinards, puisqu'ils appartiennent tous deux à la famille des légumes feuilles. Les cultures du même groupe ne pourraient pas non plus se succéder et cela avant quatre ans ! Certaines familles de légumes sont plus gourmandes en nutriments que d'autres et il y aurait donc un « ordre » de succession logique à suivre.

Selon moi, il s'agit d'une bonne méthode à appliquer chez soi quand on aime planifier son potager en amont, que l'on a besoin de rails à suivre, que l'on ne mélange pas vraiment les espèces cultivées entre elles et que l'on dispose aussi d'un potager suffisamment vaste pour définir différentes zones de cultures. Mais je ne pense pas que la rotation des cultures soit une solution miracle. Elle s'apparente plus à un casse-tête à mon échelle et je ne la pratique pas dans mon jardin. Le plus important reste pour moi de privilégier la vie du sol en apportant régulièrement des matières organiques et en le protégeant grâce à un bon paillage. Je tiens aussi à privilégier la préservation de la biodiversité en cultivant une grande diversité de végétaux sur une même parcelle.

De manière assez simple et moins réfléchie, à chaque fois que je récolte une betterave, une rangée de carottes ou une butte de pommes de terre, je remplace immédiatement la culture par une autre. Il n'y a pas d'espace laissé vacant et c'est à mes yeux le secret d'un potager productif. Aussi, ce qui me paraît intéressant c'est quand la culture précédente prépare le sol pour la culture suivante. Par exemple, quand je récolte l'ail au mois de juin et que, sans travailler le sol – ou juste un décompactage minime – je peux semer des carottes ou des betteraves à la volée directement à cet emplacement.

La rotation des cultures

Comment alterner les cultures sur une même surface cultivée à l'échelle d'une année ? La rotation des cultures est une pratique agronome qui répond à cette problématique. Cette méthode est même inscrite dans le règlement européen de l'agriculture biologique comme un des éléments principaux pour maintenir et augmenter la fertilité de l'activité biologique du sol mais aussi pour prévenir des dégâts causés par les ravageurs, les maladies ou encore les adventices. Seulement, si cette pratique a pu faire ses preuves dans le monde agricole sur de grandes surfaces, est-elle réellement pertinente à l'échelle de nos petits potagers individuels ?

LÉGUMES FRUITS
LÉGUMINEUSES
LÉGUMES RACINES
LÉGUMES FEUILLES

LES SEMIS RÉALISÉS SOUS ABRI

Les avantages d'un semis réalisé à l'intérieur

Cette technique de semis nous permet de prendre de l'avance sur les semis réalisés en pleine terre. On démarre les plants quelques semaines plus tôt, ils sont ainsi bien avancés au moment du repiquage. Je le vois de manière explicite sur des cultures telles que le petit pois, par exemple : en mars ou en avril, quand le sol commence à se réchauffer suffisamment pour accueillir les graines de petits pois, j'ai déjà plusieurs dizaines de godets contenant des plants de 15 cm de hauteur prêts à être repiqués. Cette avance, on ne la prend pas que sur la météo, on la prend aussi sur les gastéropodes. En semant à l'abri dans un premier temps, on permet aux jeunes plants de commencer leur croissance sereinement, sans ennemi en vue, et d'être déjà bien robustes quand ils feront leur première rencontre avec les limaces et les escargots. Comme ils seront déjà hauts et forts, ils seront moins faciles à mâchouiller pour les baveux qui les laisseront tranquilles au profit de jeunes pousses plus tendres ou de compost de surface, si vous leur en laissez en cadeau.
Réaliser nos propres semis a l'avantage de pouvoir adapter les plants à notre environnement. S'ils ne sont pas achetés en jardinerie ou en pépinière, les plants vont connaître moins de changements et de périodes de stress. D'ailleurs, quand on fait nos semis à l'abri, on crée une période d'acclimatation (voir page 86) qui permet aux plants de rejoindre le monde extérieur tout en douceur.
Soyez-en convaincu, en élevant vos petits à la maison, vous leur garantirez la meilleure croissance possible dans des conditions optimales. Voyez le semis à l'abri comme une sorte de crèche des plants avant le grand saut vers la maternelle !

LES GRAINES QUE L'ON SÈME HABITUELLEMENT EN PLEINE TERRE MAIS QUE L'ON PEUT AUSSI SEMER EN GODETS	• les fèves, les pois, les haricots… • la mâche, le mesclun, les épinards… • les betteraves, les navets…
LES GRAINES QU'IL EST CONSEILLÉ DE SEMER À L'ABRI AU PRÉALABLE	• les légumes du soleil : les tomates, les aubergines, les poivrons… • les cucurbitacées : les courgettes, les concombres, les melons, les pastèques, les courges… • certaines fleurs : les cosmos, les œillets, les capucines… • certains aromates : le basilic, la coriandre, le persil…

Les conditions du semis sous abri

La température

Si vous décidez de semer dehors en plein mois de janvier, il ne se passera rien. Pourquoi ? La température est un facteur déterminant pour le bon démarrage de vos plants. On peut d'ailleurs observer cela de manière naturelle dans son jardin avec le phénomène des semis spontanés : certains plants vont pousser tout seuls. Ils proviennent des graines que vous avez pu laisser traîner, des fruits restés au sol ou encore des plants montés en graines l'an passé. Une fois la température de germination idéale atteinte, je vois par exemple pousser des plants de tomates, des brassées de bourrache ou encore des salades par-ci par-là dans mon potager, magique !
On a vu précédemment que chaque culture a une température idéale de germination (voir page 26) et elle a aussi une température minimale en dessous de laquelle la graine reste en dormance. Lorsque la plante a commencé sa croissance, elle a aussi ses températures de prédilection. Ainsi, le « zéro de végétation » correspond à la température en dessous de laquelle elle bloque complètement sa croissance. Cela peut varier d'une dizaine de degrés d'une espèce à l'autre. Dans la plupart des cas, la plante ne meurt pas. Elle s'arrête simplement de grandir et se met en pause jusqu'à ce que l'environnement dans lequel elle évolue soit plus favorable. Cela peut parfois créer d'importants retards dans les cultures et, dans certains cas, la plante peut ne pas avoir assez de temps pour fructifier avant la fin de saison.
J'ai pour habitude de proposer un environnement de croissance autour de 18 °C à mes semis. Cela convient à la majorité des cultures, même s'il y a toujours des exceptions.

La lumière

Avant la levée des plantules, il importe peu que les contenants soient bien exposés. Une fois les graines semées dans le terreau, vous pouvez donc vous concentrer sur la température idéale et constante pour la culture en question. Par contre, dès qu'une petite pousse pointe le bout de son nez, il est impératif de lui garantir le meilleur taux de luminosité possible. Car si les semences ne reçoivent pas suffisamment de lumière, vous pouvez être sûr que vos plants vont filer : vous aurez des tiges toutes frêles et longues, sans vigueur qui finiront par s'affaisser.
Si comme moi, vous avez la chance d'avoir une véranda, c'est le top du top ! Une serre ou un châssis disponibles dans le jardin c'est aussi très bien, en veillant tout de même aux nuits plus fraîches. Mieux vaut que les plants aient un peu moins chaud et plus de lumière que l'inverse. Quitte à les sortir le matin et les rentrer le soir. Privilégiez sinon les fenêtres exposées plein sud, les baies vitrées… Si vous ne disposez pas d'un endroit suffisamment lumineux, vous pouvez vous équiper en lampes de croissance (voir page 78).

Les semis qui filent

C'est le risque majeur de louper ses semis, selon moi… Je l'ai particulièrement observé chez les légumes du soleil, comme les aubergines. Ils ont besoin d'une température constante assez élevée mais aussi de plus de temps que les autres cultures pour pousser. On démarre donc les semis bien au chaud, tôt dans la saison – à partir de mi-février. À ce moment-là, les jours sont encore courts et la luminosité n'est pas très intense. Les plants ont donc bien chaud mais pas beaucoup de lumière et cela peut donner des tiges qui s'allongent pour chercher la lumière mais qui n'ont aucune vigueur. Ce souci peut exister pour toutes les cultures. Dans certains cas, si la tige ne ressemble pas à un cheveu et que l'on agit suffisamment rapidement, c'est rattrapable au moment du repiquage en enfonçant la tige plus profondément et en la recouvrant de terreau. Cela fonctionne particulièrement bien avec les tomates par exemple. Mais certains plants, notamment les cucurbitacées, ne supportent pas ce traitement et les tiges ont même tendance à pourrir. Pas d'autre choix que de recommencer depuis le début.
Pour contrer au maximum ce phénomène : on expose les plants à un maximum de lumière par jour en leur choisissant l'endroit le plus lumineux de la maison et en pensant à laisser ouverts les rideaux toute la journée. On peut aussi changer nos contenants de direction chaque jour car les pousses vont pencher vers la source lumineuse, on les maintient ainsi bien droites.

Le zéro de végétation de quelques légumes

Aubergine	12 °C
Betterave	5 °C
Carotte	7 °C
Chou	5 °C
Concombre	15 °C
Courge	15 °C
Épinard	5 °C
Fenouil	5°C
Laitue	3 °C
Melon	12 °C
Oignon	7 °C
Poireau	5 °C
Pois	5 °C
Radis	7 °C
Tomate	12 °C

L'eau

Pas d'eau, pas de potager. Je vais le ressasser pour que vous l'ayez bien en tête tout au long de ce livre. Il en va de même pour l'étape des semis : la bonne humidité est cruciale.

Je sème toujours mes graines dans un substrat bien irrigué au préalable. Pour ce faire, je trempe mes contenants dans un récipient suffisamment large (comme un plateau ou un bac par exemple) rempli d'eau. Je laisse le terreau de mes contenants s'imbiber et je ne les retire que quand la surface est bien humide. On voit souvent des personnes arroser seulement après avoir mis les graines en terre mais je préfère amplement le faire avant. Grâce à cette technique, je suis sûre de ne pas déplacer les graines dans le contenant et normalement je suis tranquille en termes d'arrosage jusqu'à la levée des semences.

C'est essentiel de garder le terreau humide tout au long de la croissance des plants pour que les racines se développent au mieux. C'est grâce au système racinaire que le plant va connaître une bonne croissance et cela facilitera amplement son repiquage en pleine terre. Je privilégie là aussi la subirrigation pendant quelques minutes. Le plant aura de cette manière bu à sa soif, sans être noyé. On le retire du bac quand la surface est humide, et hop, on le range avec sa bande de potes !

J'aborderai différentes techniques d'arrosage de manière plus poussée par la suite (voir pages 89 et 90).

D’autres matériaux que le plastique ?

La terre cuite, c’est esthétique et fait d’un matériau durable. Ces contenants étaient utilisés il y a plusieurs décennies par les producteurs de plants et les maraîchers. Mais ce sont des pots lourds, peu pratiques à entreposer et à déplacer. Ils peuvent coûter cher s’ils sont achetés neufs. Je trouve aussi que la terre cuite a tendance à chauffer plus rapidement et ce n’est pas une bonne affaire pour nos petites et fragiles racines.

La tourbe ou la fibre de coco sont en vogue dans le rayon des godets depuis quelques années. Ces pots sont dits écologiques et biodégradables. Pour ma part, je trouve qu’ils se gorgent d’eau et se déchirent ensuite trop rapidement. De plus, ce sont des matières naturelles très critiquables sur le plan écologique.

Le matériel nécessaire

Vous pourrez lire mille et une choses sur le matériel nécessaire à posséder. Certaines personnes dépensent une petite fortune pour avoir un équipement haut de gamme et mettre toutes les chances de leur côté. D'autres récupèrent tout ce qu'il leur faut à droite à gauche en essayant de faire au mieux. Je pense que vous devinez que je fais plutôt partie de la deuxième équipe. Je privilégie toujours la récup' ! Les godets, par exemple, on en trouve énormément dans les poubelles des cimetières, dans celles des jardineries, les déchèteries, les ressourceries… Vous pouvez aussi utiliser de vieux pots de yaourt que vous veillerez à percer au fond afin d'éviter que l'eau ne stagne à l'intérieur.
Je vais tout de même essayer d'être exhaustive pour que vous sachiez ce qui existe et que vous puissiez faire vos choix en connaissance de cause.

Les indispensables

• Les contenants

Il est important de toujours penser à adapter la taille du pot à la graine que l'on va semer : si l'on sème des graines de courge ou de pois, on va privilégier de gros pots, alors que si l'on sème de petites graines de ciboulette ou de mâche, on utilisera plutôt des terrines ou des plaques alvéolées.

Les godets

Ces petits cubes – souvent en plastique – sont les contenants les plus connus et sans doute les plus utilisés. Ils sont pratiques et légers, on peut les empiler à souhait et ils coûtent peu cher à l'achat. Certains plastiques sont plus costauds que d'autres. Il arrive fréquemment qu'ils se mettent à craqueler à force d'usage ou sous l'effet des rayons ultraviolets. Il en existe de toutes les couleurs, de toutes les tailles, et même en plastique recyclé.

Les terrines

Ce sont des récipients plus larges que les godets et généralement moins profonds. Leur avantage est qu'ils ont une profondeur suffisante pour répondre aux besoins nutritifs des plants sans gâcher de terreau. Je m'en sers pour les semis de graines de fleurs à la volée mais aussi pour semer des légumes en plus grandes séries comme les poireaux, les oignons ou même les tomates quand on a plusieurs variétés à cultiver. Au sein du récipient, je trace à l'aide d'un bâtonnet de glace des petits sillons pour réaliser des rangées de plants.
On peut trouver ces bacs de culture dans le commerce mais j'ai pour habitude de récupérer des barquettes de petits fruits ou de plats à emporter que je viens juste trouer dans le fond. Certaines personnes utilisent même des briques de jus de fruits ou de lait !

plaque alvéolée

presse-mottes

godet

terrines

Les plaques alvéolées

Il s'agit de plaques en plastique (rigides ou non) qui contiennent des trous de différentes tailles en fonction des semis à effectuer. Grâce à cet outil, on peut semer jusqu'à deux cents plants à la fois !
Je les choisis en plastique rigide afin de les conserver le plus longtemps possible. J'ai déjà eu l'occasion d'en récupérer en jardinerie en plastique souple, elles n'ont pas fait long feu…
C'est la solution parfaite si vous avez une grande surface à cultiver et que vous vous lancez à fond dans les semis. En revanche, pour un petit espace ou des tests de culture, on privilégiera les godets ou les terrines.

Le presse-mottes

Cet outil manuel permet de se passer complètement de contenants. Le principe : on prend une bonne quantité de terreau que l'on vient humidifier abondamment jusqu'à obtention d'une pâte homogène mais peu collante. On remplit ensuite l'outil en tassant et on vient démouler ses mottes au-dessus d'un plateau pour finir par y glisser ses graines. Il existe plusieurs modèles pour faire des mottes de tailles différentes en fonction des graines à semer.
Je trouve que c'est un équipement un peu sophistiqué pour se lancer… Je n'ai jamais utilisé ce matériel pour mon usage personnel, juste dans les fermes dans lesquelles j'ai travaillé. De plus, tous les terreaux ne conviennent pas à son utilisation.

• Le substrat

Pour moi, c'est l'ingrédient essentiel du semis réussi après la graine : un bon terreau. Je trouve qu'il est de plus en plus difficile de trouver du terreau de qualité adapté aux semis. Pour semer de grosses graines comme des courges, des haricots ou des pois, un simple terreau universel peut faire l'affaire. Par contre, pour des plus petites graines comme celles de basilic ou encore de choux, vous aurez besoin d'un terreau spécial semis. Celui-ci est plus fin, parfois composé de perlite qui vient l'alléger et faciliter son drainage. Il est important qu'il ait une bonne rétention d'eau pour pouvoir hydrater correctement vos jeunes pousses sans en faire pourrir les racines. J'ai testé plusieurs terreaux à base de fibre de coco qui étaient vraiment mauvais sur ce plan. L'eau d'arrosage coulait systématiquement des contenants sans les avoir vraiment hydratés. Sans parler des conditions écologiques douteuses de la production de cette dite fibre de coco…
D'ailleurs, je veille toujours à prendre un terreau sans tourbe : c'est une ressource naturelle limitée et qui se raréfie. Je vérifie également que celui-ci soit utilisable en agriculture biologique.
Ces dernières années, je me suis fournie en sacs de terreau à usage professionnel chez les pépiniéristes. Ceux que j'ai pu trouver en jardinerie ou dans les grandes surfaces étaient de qualité de plus en plus désastreuse.
Certaines personnes achètent un terreau universel qu'elles passent ensuite au tamis et auquel elles ajoutent une petite quantité de compost tamisé à son tour.
Par ailleurs, il est possible de réaliser un terreau maison à base de 10 % de sable, 20 % de compost et 70 % de terre du jardin. Attention tout de même aux graines indésirables présentes dans le compost et qui risqueraient de germer et faire concurrence aux graines semées. Je pense que cela vaut peut-être le coup de s'y pencher, au vu des prix et de la qualité du terreau aujourd'hui !

• L'arrosage

Comme dit précédemment, je fais partie de l'équipe *less is more*[1], donc je n'ai pas d'équipement technique pour arroser mes semis. Pendant très longtemps, je me suis servie d'un simple verre doseur ou d'une carafe. Après, j'ai commencé à utiliser un vaporisateur acheté dans une jardinerie pour arroser la surface de mes contenants avec délicatesse et sans déranger les graines. Puis, mon acolyte en a eu marre d'appuyer sur la gâchette des centaines de fois par jour… J'ai trouvé qu'il avait bien raison alors j'ai fabriqué un outil plus pratique (dont je vous parle ci-contre).
L'arrosoir maison fonctionnait bien mais il fallait y revenir tous les jours, parfois même plusieurs fois par jour ! Alors j'ai investi dans un pulvérisateur à pompe, trouvé en jardinerie également. Au début, j'en étais très satisfaite et puis il a diminué en efficacité, il s'est bouché… J'ai fini par le reléguer au placard. Après cela, j'ai adopté la technique de subirrigation et je n'ai plus jamais rien utilisé d'autre que des plateaux et des bacs pour irriguer mes semis par le dessous des contenants. Vous retrouverez toutes les solutions détaillées pour arroser les semis pages 89 et 90.

[1] Proverbe anglais qui a pour traduction littérale « Moins c'est mieux » et pour équivalent français « Le mieux est l'ennemi du bien. »

Fabriquer un arrosoir pratique

Vous aurez besoin de :

- 1 bouteille en plastique avec son bouchon
- 1 clou
- 1 marteau

À l'aide du marteau plantez le clou dans le bouchon en plastique de la bouteille afin de percer ainsi une dizaine de trous. Il vous suffit ensuite de remplir la bouteille d'eau et de la refermer avec le bouchon. Vous pouvez ainsi arroser à la manière douce d'un pulvérisateur.

Semer dans trois fois rien

Il est possible de réaliser vos semis dans des contenants biodégradables à partir de matériaux que l'on a forcément à la maison. En voici trois exemples :

- **les boîtes d'œufs**

On en a tous quelques-unes qui traînent quelque part dans un placard de la cuisine ou de la buanderie… On peut les transformer en plaques alvéolées pour nos petits semis en remplissant la partie où sont normalement entreposés les œufs avec du terreau à semis. Le couvercle de la boîte peut aussi se transformer en terrine.

- **les rouleaux de papier toilette**

Au lieu de les mettre au compost ou dans la poubelle de tri, vous pouvez vous servir de ces rouleaux pour réaliser des petits contenants pour vos semis. Il vous suffit de faire quatre petites encoches sur un des bords du rouleau, de replier les bouts de carton pour fermer le dessous du tube et de le remplir de terreau.

- **le papier journal**

Vous pouvez transformer vos vieux journaux en godets à semis ! Pour cela, vous aurez besoin d'un verre à eau de la taille du godet que vous souhaitez fabriquer. Placez votre verre en haut à gauche de votre feuille de papier journal, ouverture du verre vers le bas. Enroulez le papier journal autour du verre comme pour l'emballer dedans et rouler le surplus de papier dans le verre pour former le fond de votre godet. Ensuite, sortez délicatement le verre du papier journal et vous n'avez plus qu'à remplir de terreau ! Attention, beaucoup d'encres sont produites à base de produits chimiques.

Toutes ces solutions zéro déchet peuvent sembler géniales mais gardez en tête que ces contenants vont demander une vigilance particulière au niveau de l'entretien, surtout par rapport à l'arrosage car le terreau sera amené à sécher beaucoup plus rapidement que dans des contenants classiques. De plus, en arrosant trop copieusement, on risque d'arracher le papier journal, de déchirer la boîte d'œufs ou le rouleau de papier toilette.

Les petits plus

• Des supports

J'ajoute ce matériel dans la liste des choses qui ne me paraissent pas indispensables car j'ai commencé à semer sans cela, mais aujourd'hui, je ne me verrais plus du tout m'en passer. Je ne parle pas ici des récipients dans lesquels semer les graines mais de plateaux sur lesquels je dispose mes plants, vous savez comme ceux de la cantine ! Je les utilise pour placer mes godets dessus afin que le surplus d'eau n'inonde pas mes meubles, mais aussi pour les déplacer plus facilement. Je me sers également de plusieurs bacs que je remplis de quelques centimètres d'eau et dans lesquels je mets mes semis pour les arroser par subirrigation (voir photo page 67). J'ai commencé par me servir de grands bacs de rangement en plastique que je possédais pour entreposer des affaires sous mon lit. Ensuite, j'ai investi dans des bacs spécifiques pour arrêter de salir ceux de la maison…

• Un tamis

Je vous ai parlé du fait de pouvoir tamiser votre terreau universel afin de l'affiner et de l'utiliser en terreau de semis pour les plus petites graines. Certaines personnes utilisent aussi cet outil pour recouvrir les graines d'une fine couche de terreau afin d'éviter de trop les ensevelir. Pour cela, on peut utiliser un tamis acheté dans une jardinerie mais aussi utiliser une cagette en plastique de récupération, cela fonctionne très bien.

• Un tapis chauffant

Au même titre que la lumière, la chaleur fait partie des facteurs essentiels à la bonne réussite des semis. Si on décide de faire pousser ses semis dans sa véranda (non isolée) ou dans sa serre, on se retrouve vite confronté au problème de la température trop basse. Pour faire face à cela, vous avez la possibilité de vous équiper d'un tapis chauffant électrique. Vous en trouverez de plusieurs tailles dans les jardineries ou les pépinières et sur des sites spécialisés en ligne.
Je m'en suis acheté un il y a quelques années, quand j'essayais encore (en vain) de faire mes propres plants d'aubergines. J'ai pu constater que la levée était plus rapide mais qu'il fallait être par ailleurs deux fois plus vigilant sur l'arrosage, le tapis asséchant le terreau.

des supports

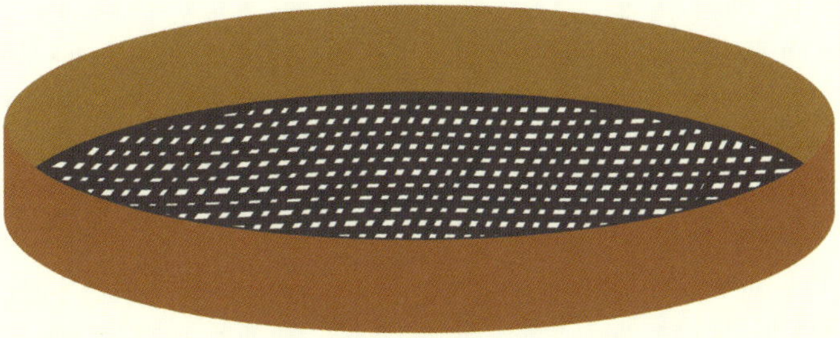

un tamis

• Une lampe de croissance

On a vu à quel point la lumière était un élément fondamental pour la bonne germination de nos graines puis pour la croissance de nos plants. Afin de remédier à un manque de lumière, certains s'équipent de lampes horticoles. Cela va de petites lampes LED à ventouser au-dessus des semis vendues autour de 20 €, à de vrais panneaux d'éclairage à plusieurs néons avec minuterie intégrée qui coûtent plus de 100 €.
Personnellement, je ne cautionne pas vraiment cette dépense d'argent et d'énergie pour un usage amateur. Mais pour les logements sombres ou les régions où la lumière du printemps met du temps à arriver (au Canada, par exemple), ces accessoires peuvent s'avérer indispensables.

Je vous conseille également de prendre une bonne habitude pour garantir une bonne hygiène dans vos semis (et dans votre jardin) : nettoyer le matériel. Que ce soit les outils que vous utilisez ou les contenants. Ainsi, je laisse tremper tous mes godets dans de l'eau chaude et savonneuse pendant une bonne heure avant de les frotter avec une brosse, de les rincer et de les faire sécher la tête en bas. Je veille à les empiler à nouveau uniquement quand ils sont tous bien secs. Je nettoie aussi régulièrement mon sécateur et tous mes outils avec de l'alcool pour éviter une éventuelle propagation de maladie ou de champignons.

La méthode : comment semer une graine en pot ?

Le moment de la préparation des semis est vraiment celui que je préfère. Je m'installe à une table – dedans ou dehors en fonction de la météo et du moment de l'année – et je rassemble tout le nécessaire autour de moi. À savoir au minimum : du terreau, un ou deux bacs, des contenants et mes graines. Avant de commencer quoi que ce soit, je choisis et prépare mes contenants en fonction de la taille des graines que je veux semer. Je fabrique aussi mes petites étiquettes avec le nom exact des variétés ainsi que la date du jour.
Je commence par remplir mes contenants de terreau. Pour cela, je verse une bonne quantité de substrat dans un de mes bacs en plastique. Je remplis mes godets à l'intérieur de ce bac, ce qui m'évite d'en mettre partout. Je remplis une première fois à ras bord et je viens tapoter sur les bords du contenant pour tasser légèrement le terreau sans appuyer à la surface avec les doigts. Je rajoute du terreau jusqu'à arriver à 1 ou 2 cm du bord. C'est à ce moment-là que j'immerge mes godets dans un deuxième bac en plastique que j'ai rempli au préalable d'eau, sur une hauteur d'à peu près 5 cm. J'attends quelques instants (c'est assez rapide, donc pensez à surveiller) que la surface du terreau soit bien humide et je retire les contenants du bac. Ensuite, je viens légèrement tasser la surface du terreau pour l'aplatir et en faire un bon lit douillet pour accueillir les graines. Si je vois que le godet manque un peu de terreau – cela peut arriver au début, après, on a l'œil – j'en rajoute une ou deux pincées.
C'est le moment de dégainer le sachet de graines ! Je l'ouvre toujours le plus soigneusement possible à l'aide d'une paire de ciseaux pour ne pas en perdre et pouvoir le refermer correctement par la suite.
Je prends le contenant et j'y place mes graines : une ou plusieurs, en fonction de la taille de la graine et du contenant prévu.
Je place simplement la graine sur le terreau pour les plus petites. Pour les plus grosses, comme les pois ou les courgettes, j'ai tendance à creuser un trou de la taille de la graine à l'aide d'un crayon de papier. Je recouvre ensuite les graines d'une fine couche de terreau. Parfois à l'aide d'un tamis mais la plupart du temps juste avec mes doigts en veillant à ce qu'il n'y ait pas de gros morceaux dans le terreau utilisé. La bonne indication à suivre est de recouvrir la graine avec une couche de terreau d'une fois et demie sa taille. Si j'ai réalisé un trou pour y mettre la graine au préalable, je le rebouche et rajoute une plus petite quantité en surface. Une fois cela fait, je tapote légèrement la surface du substrat avec les doigts afin que les graines et le terreau soient bien en contact. Si l'on a suffisamment irrigué le terreau en amont, il n'est normalement pas nécessaire d'arroser. Si vous avez un doute, vous pouvez vaporiser la surface de votre semis.

Je n'oublie surtout pas d'étiqueter directement le semis effectué en plantant mon étiquette. Puis, je place maintenant le contenant sur un des plateaux qui accueillera toute ma tribu et le tour est joué, il n'y a plus qu'à passer au suivant !

Grosse graine	Courgette, pois, fève, haricot, capucine…	Une seule graine par contenant Deux graines, en cas de doute sur le taux de germination
Moyenne graine	Tomate, aubergine, melon, calendula, épinard…	Une à trois graines par contenant
Petite graine ou glomérule	**Aromates :** basilic, cumin, marjolaine… **Fleurs :** coquelicot, camomille, célosie… **Légumes :** salade, oignon, poireau… **Glomérule :** blette, betterave, coriandre…	Plusieurs graines par contenant semées à la volée

Retenez qu'il n'y a pas vraiment d'interdiction ou de solution unique. Par exemple, je peux choisir de semer des graines de tomates en godets, auquel cas j'en mettrai une à trois dans un pot. Mais je peux aussi semer une grande série de graines de tomates et les déposer dans une terrine. Dans ce cas, je réalise des séparations entre les rangées des différentes variétés à l'aide de mes bâtonnets de glace. Je sème ainsi une dizaine de graines de chaque variété sélectionnée.

Les glomérules

Il existe un type de graine qui est en réalité un petit amas de plusieurs graines, que l'on appelle un glomérule. C'est le cas, par exemple, de la graine de betterave ou de blette. Mieux vaut être prévenu avant de les semer car cela démultiplie les plants à l'arrivée : une graine produit entre deux et six plants !

Les mains d'Anne repiquent des plants de tomates.

Le rempotage en godet individuel

Le repiquage en godet individuel est une étape indispensable pour de nombreuses cultures avant la suivante et dernière, celle de la pleine terre. Dans un pot qui leur est propre, les plants vont avoir plus de place et plus de terreau pour développer de belles et fortes racines, une tige costaude et des feuilles bien vertes et riches en azote.
On réalise généralement ce repiquage lorsque les quatre vraies feuilles sont apparues et que les plants font entre 5 et 10 cm de hauteur. Bien entendu, ces indications varient légèrement en fonction des cultures. Soyez attentifs à vos plants, ils vous indiqueront assez rapidement s'ils manquent de place.

Comment procéder pour ce rempotage ?

- On commence par humidifier les plants pour faciliter le dépotage de la motte et limiter leur stress. Pour ce faire, on plonge les contenants dans un bac rempli d'eau et on attend quelques minutes que la surface soit bien humide.
- Si le plant à rempoter était seul, on prend un godet d'une fois et demie sa taille, s'il était avec des congénères dans le même pot, on peut en reprendre un de la même taille. Comme il sera désormais seul, il aura plus de place pour développer ses racines.
- On remplit le godet de terreau de la même manière que lorsque l'on a semé les graines.
- Si notre semis contient plusieurs pousses, on va les séparer délicatement. Pour cela, on peut se servir d'une petite cuillère, d'un bâtonnet de glace ou simplement de ses doigts. La plupart du temps, on a peur de casser le plant, d'abîmer ses radicelles, mais croyez-moi notre protégé est déjà bien costaud et on peut y aller franchement.
- Dans le nouveau godet, on fait un trou de la taille de la petite motte avec son doigt ou un crayon de papier, bien au centre, et on y place la plantule.
- On ramène le terreau vers la base de la tige et on tasse légèrement la surface du terreau. Si besoin, on peut ajouter une couche de terreau afin que le plant bénéficie d'un ancrage bien profond. Petite spécificité que j'applique aux tomates : je recouvre la tige principale jusqu'à la hauteur des cotylédons que j'ôte au préalable en les coupant avec l'ongle. Ainsi, la tige fera de nouvelles racines jusqu'à cette hauteur et se renforcera.
- Enfin, on n'oublie pas d'ajouter la petite étiquette qui nous permet d'identifier le plant et de bien l'hydrater. Pour ce faire, on privilégie encore et toujours la subirrigation, mais cette fois à la fin de l'étape du rempotage.

Acclimatation des plants

La destination finale de tous les semis est la pleine terre. Ce moment de repiquage va être un gros stress pour le plant. Il va passer de son petit cocon à l'abri à la vie à l'état sauvage dans laquelle il va devoir se battre pour survivre ! S'il n'est pas suffisamment robuste, il sera difficile pour lui de s'implanter et il ne s'en sortira pas indemne. Ainsi, pour les aider à s'endurcir, j'ai pris l'habitude d'acclimater tous mes semis : ils doivent bénéficier d'une période de transition, tout en douceur, avant le grand bain du monde extérieur. En quoi cela consiste-t-il ? Quand les premières journées de printemps arrivent et que la température extérieure monte autour de 15 °C, on peut habituer les plants aux conditions de vie en plein air. Dans un premier temps, veillez à leur réserver un emplacement ombragé et à l'abri du vent et sortez-les le temps de quelques heures seulement. Après une petite semaine, on pourra les placer dans un emplacement plus ensoleillé. Le matin est un moment propice pour que les jeunes pousses s'habituent aux rayons ultraviolets sans qu'ils soient trop forts et risquent de les brûler.

Attention, si vous voyez que les températures prévues sont inférieures à 12 °C, ne jouez pas à l'aventurier et faites une pause dans votre acclimatation.

Si vous possédez une serre ou un châssis, c'est l'idéal pour réaliser cette transition de l'intérieur à l'extérieur. Et surtout, n'oubliez pas de les rentrer le soir afin d'éviter les coups de froid. Histoire vraie : j'ai oublié toute ma clique de tomates dehors pendant une nuit de gel… Je m'en souviens encore !

Cette exposition à la température, à l'air et à la luminosité extérieurs permettra à vos plants de se renforcer, de devenir plus vigoureux, trapus et productifs. C'est ainsi que l'on va commencer à observer des différences entre les plants d'une même variété et d'une même série. Certains vont très bien s'adapter et continuer leur croissance tandis que d'autres vont montrer des premiers signes de faiblesse, de carence ou de maladie.

Les cotylédons, kézako ?

Il s'agit des toutes premières feuilles. En général on voit se développer d'abord une paire de cotylédons. Si on va un peu plus loin, on peut préciser qu'ils font partie intégrante de la graine : leur fonction est de délivrer à la plantule les nutriments qui étaient jusqu'alors en réserve dans la semence. Ils la nourrissent ainsi jusqu'à l'apparition des vraies feuilles et le début de la photosynthèse. Ce qui est important à retenir c'est que quand on lit « repiquer au stade de quatre feuilles », on parle de vraies feuilles et on ne comptabilise donc pas les cotylédons.

Louison Bobet

L'entretien

Comment arroser ses semis ?

Une plante est constituée à 80 % d'eau, il en faudra donc des réserves à cette petite graine pour parvenir à finaliser son cycle de croissance !
J'ai abordé précédemment les différents outils disponibles pour arroser les semis (voir page 72), on va parler maintenant plus précisément de technique. La façon de faire est fondamentale et malheureusement, je n'ai pas de réponse infaillible à vous apporter. Après tous mes essais et surtout mes ratés, je peux vous indiquer les différentes méthodes pour irriguer vos semis, accompagnées de mes préférences ainsi que d'une indication sur la fréquence d'arrosage. Ensuite, ce sera à vous de faire vos choix et de jouer !
Sachez que les semis demandent une humidité constante pour bien développer leurs racines. Mais, comme souvent en jardinage, ce n'est pas si simple car il faut veiller à ne pas noyer vos protégés au risque de les voir pourrir. On se souvient que la surface du terreau doit rester humide tout au long de la levée de la graine. Une bonne indication ? Le poids du godet : celui-ci est un peu lourd quand le substrat est bien humide et beaucoup plus léger quand il manque d'eau. Je soupèse régulièrement les contenants pour vérifier.
Lorsque les plants développent leurs premières vraies feuilles, j'ai tendance à baisser ma vigilance et je les arrose seulement une à deux fois par semaine. L'idée est de les habituer à ne pas être trop dépendants de l'eau que je leur donne. Attention, il s'agit d'une indication et non d'une règle à suivre à la lettre. Tout dépend de la culture en cours, de l'endroit dans lequel vous entreposez le semis, de la qualité de votre terreau… Gardez bien en tête que chaque semis est différent ! Cela peut sembler contraignant et faire un peu peur… Mais n'ayez crainte, avec l'habitude et les observations, vous aurez de plus en plus l'œil pour savoir si vos plants ont soif ou s'ils se portent à merveille.

Voici selon moi les quatre méthodes possibles pour irriguer ses semis :

- **Au jet d'eau**

Évidemment, pour l'utiliser, il faut impérativement avoir une lance qui permet de régler l'intensité de l'eau qui sort de votre tuyau. Pour cette solution, il est nécessaire de déplacer tous vos semis à l'extérieur ou dans votre serre si vous en possédez une. Réglez votre lance à la plus faible intensité et arrosez doucement les semis par le dessus.
Je trouve cette méthode un peu drastique, en effet cela peut déplacer les graines au tout début du semis et l'eau qui sort du réseau est toujours bien plus froide que la température ambiante. Elle a l'avantage cependant d'être rapide et d'irriguer en profondeur les contenants.

• À l'arrosoir

Rien ne vaut le bon vieil arrosoir du jardin. L'important est de pouvoir doser son geste pour éviter de noyer tout le monde. On verse tranquillement jusqu'à l'absorption complète du liquide. Parfois, en utilisant cette technique, le substrat recrache l'eau excédentaire et on se retrouve avec une mare en dessous des godets. Je vous conseille de placer un grand plateau sous les contenants.

• Au vaporisateur

C'est une technique que j'ai beaucoup privilégiée à mes débuts car elle est douce et on mesure pleinement la quantité d'eau que l'on dépose sur nos semis. Elle est parfaite jusqu'à la levée des graines. Cette méthode prend vraiment du temps (et demande de la force dans le poignet !). Elle a aussi l'inconvénient d'irriguer en surface et parfois pas assez profondément selon moi.

• Par subirrigation

Cette méthode est clairement celle que je préfère et je la préconise à tout le monde. Je l'ai précisé auparavant, elle consiste à faire tremper les contenants dans un récipient rempli de quelques centimètres d'eau. Grâce aux racines, l'eau va ensuite remonter petit à petit dans le terreau et l'humidifier par principe de capillarité. C'est un arrosage qui prend un peu plus de temps mais qui est plus doux pour la plante et la rend plus autonome. En effet, par la suite en pleine terre, c'est de cette manière que les cultures iront chercher l'eau présente dans le sol.

Les maladies

Je ne vais pas vous mentir, en faisant vos semis vous risquez de subir des aléas. Notamment, de rencontrer des maladies. Je vais me concentrer ici sur celles que j'ai le plus souvent croisées au stade des semis : les maladies fongiques, provoquées par des dizaines de champignons différents. Elles se développent particulièrement dans un environnement humide et mal aéré, parfois à cause d'une eau stagnante. En voici trois exemples, pour ne pas trop vous effrayer non plus…

Vous pourrez par exemple vous retrouver confronté au phénomène de fonte des semis : il s'agit d'une maladie cryptogamique causée par plusieurs champignons. Elle se développe en général sur les plantules lorsqu'elles sortent tout juste de terre. On la remarque aisément car la base de la tige devient toute molle et marron, les plants s'affaissent nettement et finissent par pourrir. Une fois que les méfaits sont repérés, il est malheureusement trop tard… Les champignons responsables restent présents dans le terreau utilisé et contaminent les contenants, il est donc nécessaire de changer ces deux éléments pour refaire votre semis.

On peut aussi croiser sur notre chemin le fameux mildiou. Il s'agit en fait de plusieurs champignons qui s'attaquent au plant en commençant par les feuilles, puis les tiges et enfin les fruits. Il se manifeste par des taches brunes qui s'étendent et affaiblissent la plante jusqu'à son flétrissement complet. Cette maladie se propage rapidement et peut tuer les plants en quelques jours. Je n'ai connu le mildiou qu'une seule année et l'évocation de son nom me donne encore des frissons. S'il est repéré à temps, on peut retirer les parties atteintes et les éloigner du potager en croisant les doigts pour endiguer la propagation… mais il est souvent bien plus rapide que nous !

Un autre obstacle pourri (c'est le cas de le dire !) que vous pourriez rencontrer : l'oïdium. On le voit notamment beaucoup sur les plants de cucurbitacées dont les feuilles se couvrent de taches blanches et duveteuses. Cette maladie peut empêcher la photosynthèse de la plante et l'affaiblir considérablement. Heureusement pour nous, l'oïdium reste plutôt sympa et n'empêche pas la fructification quand il demeure superficiel. En coupant proprement les feuilles attaquées et en les éloignant du potager, vous avez des chances de stopper l'épidémie et de bénéficier d'une belle récolte.
J'ai récemment testé une potion magique qui a l'air de fonctionner : diluer une cuillerée à soupe de savon noir et une autre de bicarbonate de soude dans un litre d'eau et vaporiser le mélange sur les feuilles contaminées.

Pour tenter d'éviter que ces maladies ne surviennent, voici quelques gestes que j'ai pu tester et approuver au fil du temps :

- Utiliser un substrat bien drainé en choisissant un terreau spécial semis dans lequel on trouvera notamment de la perlite qui allège le mélange.
- Éviter l'eau stagnante sous les contenants.
- Veiller à ce que le terreau reste bien humide, mais jamais détrempé.
- Ne pas semer les graines ou entreposer les plants de manière trop rapprochée pour faciliter la circulation de l'air.
- Aérer l'espace dans lequel on garde les semis pour éviter la condensation.
- Ne pas mouiller le feuillage des plants en les arrosant.

Reconnaître un plant en bonne santé

Une fois que le plant fait une dizaine de centimètres, si vous observez qu'il se tient bien droit, qu'il a une tige principale qui ressemble à un coton-tige plutôt qu'à un cheveu, c'est déjà une bonne partie de gagnée ! Pour beaucoup de cultures, plus la tige principale est épaisse et plus le plant sera robuste par la suite. Cela aidera le plant à ne pas plier sous le poids des fruits ou des cosses. La couleur des feuilles doit être d'un vert bien intense. Si elles sont plutôt claires, voire jaunes ou même rouges, c'est que la plante manque de nutriments ou a attrapé une maladie.

En plus de ces aspects facilement notables, vous pouvez délicatement sortir le plant de son godet afin d'observer les petites radicelles à la base de votre motte. Si elles sont bien blanches et développées, c'est banco ! Cela veut dire que le système racinaire est en place et qu'il aura une bonne capacité à s'implanter au moment du repiquage en pleine terre.

Le repiquage en pleine terre

Le semis à l'abri est vraiment ma passion dans la vie... Mais une fois que tous nos plants sont en bonne santé et bien développés, il faut savoir les lâcher dans le grand bain. C'est parti pour repiquer ses protégés en pleine terre direction le potager !
En amont du repiquage, on pensera à dépailler (voir page 127 pour l'utilisation du paillis) la zone de culture afin que le sol puisse se réchauffer. En général, on considère qu'on peut repiquer lorsque le sol atteint les 15 °C. On entend souvent parler de la date butoir des fameux « saints de glace » qui correspond à la période entre le 11 et le 13 mai. Après ces dates, le risque de gelées semblerait écarté et on aurait le feu vert de Dame Nature pour planter à foison en extérieur. J'utilise le conditionnel car tout dépend en réalité de votre région et des conditions météorologiques.
Pour l'ensemble des cultures, c'est au début du mois de mai que je vous conseille d'opérer. Afin de mettre toutes les chances de mon côté, j'aime bien regarder les prévisions météo – par le biais de la météo agricole – et profiter d'une journée légèrement nuageuse. Cela permet d'éviter un soleil trop violent pour les jeunes plants. J'aime bien aussi veiller à ce qu'un peu de pluie soit prévue pour les jours suivant le repiquage. Cela m'évite d'être trop sur le qui-vive au niveau de l'arrosage et permet aux cultures de rester dans un environnement suffisamment irrigué naturellement.
Nous voilà donc au potager, prêt à repiquer !

Avant toute chose, il est important de vérifier les racines de la motte afin de repiquer uniquement les plants en bonne santé. Pour cela, on s'assure que les racines ne font pas de chignon dans le fond du pot, qu'elles ne tournent pas sur elles-mêmes. Si c'est le cas, c'est que vous avez un peu trop tardé à repiquer. Vous pouvez démêler délicatement les racines pour qu'elles comprennent qu'elles peuvent maintenant s'étendre. Certains les taillent même légèrement. Il est aussi important qu'elles soient bien blanches et non brunes, ce qui voudrait dire qu'elles ont commencé à pourrir.
Pour repiquer un plant en pleine terre, on creuse un trou de la profondeur de la motte. Si la terre est argileuse ou très tassée, je vous conseille de casser le pourtour de ce trou à l'aide d'une griffe par exemple pour que les racines de votre protégé puissent se frayer un chemin rapidement et facilement. Une fois le trou creusé, on place notre plant à l'intérieur de celui-ci et on rabat légèrement la terre à la surface du pied en tassant du plat de la main.
L'étape à ne pas louper pour terminer : l'arrosage ! J'utilise pour cela un arrosoir tout simple et j'irrigue bien copieusement. Ce changement d'environnement va stresser le végétal et il va avoir besoin de suffisamment d'eau pour ne pas subir un stress hydrique supplémentaire. Aussi, les racines de la motte vont comprendre qu'elles ne sont plus contenues dans un petit pot mais bel et bien en pleine terre et elles vont pouvoir venir puiser l'eau pour se renforcer et se développer.

Certaines cultures apprécieront d'être tuteurées dès le repiquage en pleine terre. C'est le cas par exemple des tomates. Je place un très grand et gros bambou directement au moment du repiquage en pleine terre, sans passer par de petits bâtons intermédiaires. Cela donne un bel axe à la tige principale et on évite de trop bouger les tiges et ainsi de les briser. J'attache la base du plant au bambou à l'aide d'un morceau de ficelle ou de raphia. Certaines personnes utilisent des fils pour conduire leurs cultures, principalement dans les serres. On attache le fil à la base du plant puis on le passe tout autour de la tige principale et il la porte en étant étroitement collé à elle.

On peut aussi imaginer des structures plus importantes comme des tipis pour les haricots à rames ou les fleurs grimpantes.

Pour ce qui est des matériaux, je récupère énormément de choses à la déchèterie. Vous pourrez aussi trouver votre bonheur dans des vide-greniers ou en ressourcerie. Bien entendu, si vous n'avez pas le temps ni la motivation, les jardineries regorgent de solutions de tuteurage qui feront très bien l'affaire.

Comme souvent en jardinage, il n'y a pas une unique règle à suivre quant à la profondeur du trou à creuser. Je vous indique ici quelques particularités à noter pour le repiquage de certaines variétés.

La tomate : les plants sont repiqués profondément. On creuse un trou deux fois plus profond que la hauteur de la motte. Pour assurer une bonne reprise, on vient couper les cotylédons (si cela n'a pas été fait au moment du repiquage en godet individuel) et même les branches les plus basses du plant. En faisant cela, on aide la tige principale à faire des racines supplémentaires et donc à mieux s'implanter dans le sol.

Les salades : elles n'aiment pas du tout l'humidité et risqueraient de pourrir si vous les enfoncez trop dans le sol. On prévoit donc un trou un tout petit peu moins profond que la motte en évitant d'enterrer le collet.

Les choux : les tiges des jeunes plants sont souvent longues et fines. Pour les renforcer, on les repique jusqu'aux premières feuilles.

Recette de purin d'ortie

Pour aider les plants à repartir sainement après leur repiquage en pleine terre, je confectionne un purin d'ortie. C'est 100 % naturel et utilisable en agriculture biologique. Cela les aide à vaincre le stress du changement d'environnement et leur apporte une bonne dose d'azote. Pour cela, il vous faut un kilo de feuilles d'ortie fraîches et dix litres d'eau.

On cueille notre plante puis rapidement on la hache grossièrement (à l'aide d'une paire de ciseaux ou d'un sécateur) dans un contenant d'une capacité d'au moins dix litres. On verse ensuite dix litres d'eau (de pluie, de préférence) sur les feuilles. On laisse macérer environ une à deux semaines dans le contenant fermé, en remuant à l'aide d'un grand bâton tous les jours.

La durée de fermentation dépendra de la température au moment de la réalisation du purin. Je place souvent le contenant dans ma serre afin de gagner quelques degrés. Quand les bulles disparaissent de la surface du liquide et que cela commence à sentir vraiment fort, c'est le signe que c'est prêt ! On filtre et on conserve dans un ou des récipients bien fermés comme des bidons. Pour l'utilisation, on dilue le purin dans l'eau d'arrosage à raison de 10 % maximum.

Si vous n'avez pas l'envie, la matière ou la motivation de le faire vous-même, vous trouverez ce produit dans toutes les bonnes jardineries.

Et après... ?

Le repiquage au potager n'est pas un long fleuve tranquille... Et qui dit pleine terre, dit chasse à la limace ! Tous ces jeunes plants, qu'est-ce que c'est appétissant pour elles ! Les escargots s'y mettent aussi puisqu'ils y trouvent le gîte et le couvert. Si on les laisse tranquilles, on risque clairement de compromettre une partie de nos récoltes. Il faut donc agir rapidement et les empêcher de tout ravager.
Évidemment, il existe des prédateurs naturels comme les grenouilles, les crapauds et les hérissons... Mais ces amis ne sont peut-être pas présents dans vos potagers et si c'est le cas, ceux-ci n'agissent souvent pas assez rapidement.
De mon côté, je pars à la chasse tous les soirs suivant les repiquages à l'aide de ma lampe frontale. Je récolte dans un seau tous les gastéropodes que je trouve. Je les offre ensuite à mes poules qui s'en régalent.
Bon à savoir : en agriculture biologique, il est autorisé d'utiliser le fameux Ferramol, du phosphate ferrique sous forme de granulés bleus. En cas d'invasion de limaces, cela peut sauver les jardiniers désespérés...

Une fois en pleine terre, c'est assez rapidement la jungle... Je vous conseille donc de toujours garder un œil sur vos cultures afin de les tailler régulièrement et d'éviter de vous faire envahir comme cela m'arrive absolument chaque année, même en étant organisée.

LES SEMIS EN PLEINE TERRE

Les avantages d'un semis réalisé en pleine terre

Le semis en pleine terre est inévitable pour les légumes racines comme la carotte, le panais ou encore le radis. Il est aussi la seule option possible pour les bulbes comme l'ail, l'oignon ou l'échalote. Enfin, on ne peut que passer par là pour réaliser nos plantations de pommes de terre ou de topinambours.
Semer les graines en pleine terre est la façon la plus rapide et directe de faire pousser des plants dans son potager. On fait forcément de belles économies en temps et en énergie en évitant de s'occuper de semis à l'abri pendant plusieurs semaines et, croyez-moi, de l'énergie, vous en aurez besoin ! On économise aussi en matières premières en n'utilisant pas de terreau et d'eau pour les entretenir. Pas besoin non plus de s'embêter avec des contenants.
D'une certaine façon, on force les plants nés directement au potager à s'autonomiser, à être plus résilients.
Je réalise chaque année mes semis de pois et de haricots en godets pour commencer le cycle de croissance plus tôt et prendre de l'avance. Mais je me suis aperçue que les semis directs rattrapent leur retard sur leurs congénères faits sous abri et qu'ils ont même parfois une croissance plus rapide par la suite. Sûrement à cause de la période de reprise que traversent les plants repiqués. Les racines des pois et haricots semés en pleine terre ne sont pas malmenées ce qui explique sans doute qu'elles sont plus vigoureuses.
D'ailleurs, je trouve que le semis en place est le plus adapté pour de nombreuses variétés qui détestent être repiquées, comme l'amarante par exemple. Leurs racines supportent mal le stress du repiquage et ne reprennent pas correctement leur croissance une fois au potager.
Enfin, semer en pleine terre ne revient-il pas à attendre le bon moment tout simplement ? Je n'ai de cesse de dire que jardiner c'est se connecter à la nature et à ses saisons, il en est de même pour les semis. Certaines graines comme les haricots ne germent pas avant que le sol ne soit réchauffé, d'autres que l'on a oubliées dans le sol entrent en période de dormance pour éclore une fois les bonnes températures arrivées… Tout vient à point à qui sait attendre, n'est-ce pas ?

LES GRAINES QUE L'ON EST OBLIGÉ DE SEMER OU PLANTER EN PLEINE TERRE

- les légumes racines : les carottes, les radis, les panais…
- les bulbes : les oignons, l'ail, les échalotes…
- les pommes de terre, les topinambours…

Les conditions du semis en pleine terre

J'adorerais vous donner une date magique à partir de laquelle Dame Nature nous donne le feu vert pour semer en place, mais encore une fois cela n'existe pas. Comme chacun le sait, la météo est changeante et, en fonction des années et des régions, cela peut varier du tout au tout. Il faut donc aviser selon son environnement et ce n'est pas toujours évident. Mais il y a tout de même quelques points sur lesquels j'aimerais attirer votre attention.

Une bonne terre

Au début du printemps, je passe en général un bon gros coup de grelinette sur toutes mes zones de culture pour ameublir la terre. Si vous ne disposez pas de cet outil, vous pouvez utiliser une serfouette, une houe ou un croc. L'important est de venir apporter de l'air à la terre pour permettre aux graines que l'on va semer de ne pas en manquer, qu'elles puissent lever au mieux et qu'ensuite les racines des plants tissent leur réseau sans souci. Ce geste permet aussi à l'eau (de pluie ou d'arrosage) de mieux pénétrer le sol et d'assurer une bonne circulation et un bon drainage par la suite. Lorsque j'utilise mon outil, j'en profite pour désherber. Si, comme moi, vous avez l'habitude de pailler votre potager ou d'avoir un couvert végétal d'engrais verts, vous allez avoir moins de boulot que les autres.

Grâce à ce travail, la surface de ma terre est maintenant bien meuble et fine, exempte d'adventices : un lit parfait pour accueillir mes petites graines pour le semis direct.

Certaines personnes optent pour le luxe d'ajouter une fine couche de terreau à la surface de la zone de semis pour les graines les plus petites comme les carottes par exemple. Cela permet de ne pas les ensevelir et de faciliter leur levée.

Une bonne température

Il est impératif avant de se lancer dans l'aventure du semis en pleine terre que votre sol soit réchauffé. En effet, il faut qu'il ait une température d'au moins 10 °C pour les salades ou les radis et de 15 °C pour les haricots, par exemple. Attention, je parle bien de la température du sol et non de celle de l'air, ce qui est bien différent. Le soleil va se charger de réchauffer la terre mais c'est assez lent. Il faudra plusieurs jours à des températures clémentes pour qu'elle commence à se réchauffer de façon homogène. Si vous en avez un en votre possession, vous pouvez vous munir d'un thermomètre alimentaire pour contrôler cela.

Mon conseil est de venir dépailler le potager dès la mi-mars pour laisser le sol exposé au soleil le plus possible. C'est le seul moment de l'année où je le laisse à nu.

En aérant le terrain à la grelinette comme vu précédemment, on va contribuer à y faire entrer l'air plus chaud. Si votre terre est argileuse, elle mettra plus de temps à se réchauffer qu'un sol sableux. D'où, comme d'habitude, l'intérêt de bien connaître son jardin pour agir en fonction de ses conditions propres et pas du livre que l'on a lu…

Si vous possédez une serre ou un châssis, vous pourrez semer un peu plus tôt grâce aux quelques degrés supplémentaires qu'offrent ces structures. Attention encore une fois de bien prendre en compte la température du sol dans l'abri et pas seulement celle de l'air.

Une bonne humidité

Pour semer en pleine terre, il est important de veiller à ce que le sol ait suffisamment séché, qu'il ne colle pas. Mais il faut aussi éviter qu'il soit trop sec et qu'il ne retienne pas du tout l'eau qu'on lui offre. Un juste équilibre à trouver.

Si vous avez un sol argileux, vous savez qu'il faut parfois attendre des semaines afin de pouvoir se mettre à jardiner tellement il est gorgé d'eau. L'été, il devient parfois dur comme de la pierre et se met à craqueler… Pas facile de veiller à une bonne humidité dans ce type de sol. De l'autre côté, les sols sableux ont souvent des soucis de rétention d'eau, ils manquent de structure et ne sont pas magiques pour autant.

D'où la nécessité d'avoir un sol vivant, amendé régulièrement en matières organiques variées. Plus il est vivant et mieux il se travaillera.

Pour assurer un bon départ à vos semis, évitez que votre sol ne soit détrempé par des jours et des jours d'averses en continu, il y aurait un risque de voir pourrir vos graines. Cela m'est déjà arrivé avec des graines de haricots. Privilégiez une semaine de temps sec et stable. Pas forcément besoin d'un grand soleil qui ne serait d'ailleurs pas bon pour la levée s'il venait à faire trop chaud.

Il me semble que la nature tente toujours de nous aider en nous donnant de bons indices, à nous de les repérer. Par exemple, si les plantes sauvages et les adventices commencent à faire leur apparition un peu partout dans votre jardin, c'est le signe que les graines peuvent éclore dans de bonnes conditions.

serfouette
grelinette
râteau

Le matériel nécessaire

Réjouissez-vous, contrairement au semis à l'intérieur, le semis en pleine terre ne nécessite quasiment aucun matériel, youpi ! Je vous indique tout de même quelques outils bien utiles quand on a un jardin et qui ont une place particulière dans mon potager.

La serfouette

Il me semble que s'il ne fallait en garder qu'un, c'est cet outil que je choisirais. Il s'agit d'un manche au bout duquel on trouve deux têtes soudées entre elles : une lame plate et fine d'un côté et pointue de l'autre. La serfouette est polyvalente et me sert pour presque toutes les tâches au potager. Elle permet d'aérer le sol, de désherber, de creuser… Avec elle, je creuse les trous pour repiquer les plants, je trace les sillons pour semer les graines en pleine terre, je remue la terre pour récolter les pommes de terre, j'arrache les plants en fin de cycle. C'est simple, à chaque étape de la vie d'une culture, la serfouette a joué son rôle.

La grelinette

C'est l'outil à la mode depuis quelques années, on la mentionne à chaque fois que l'on parle de permaculture. Je suis sûre que vous voyez de quoi je parle. Certains la considèrent comme la version manuelle du motoculteur. Il s'agit d'une fourche à deux manches et qui peut posséder de trois à neuf dents – les modèles les plus courants en ont entre trois et cinq et sont beaucoup plus maniables. Ces dents font entre 20 et 30 cm de long et permettent de décompacter le sol et de le travailler en profondeur tout en respectant les micro-organismes qui y sont présents. C'est l'outil idéal pour préparer le sol du potager avant l'implantation d'une culture, qu'il s'agisse d'un semis en pleine terre ou d'un repiquage de plants. Elle est également parfaite pour casser les mottes et me sert même à sortir de terre plus facilement les légumes racines comme les carottes.

Le râteau

Après le gros œuvre qu'a réalisé la grelinette, le râteau vient affiner et terminer le travail. Je ne me verrais pas le remplacer par un autre outil ou me débarrasser du mien. Je m'en sers avant chaque semis en pleine terre et aussi souvent pour désherber les fines herbes en surface. C'est aussi avec lui que j'étale le fumier et le compost sur mes zones de culture.

Je rajoute à cette liste d'outils une simple corde et deux bâtons ou piquets afin de réaliser un cordeau qui permet de tracer des lignes droites afin de respecter un minimum d'ordre au sein du potager. C'est indispensable selon moi pour les légumes racines comme les carottes ou les radis.

Des siliques de brocolis Early Purple.

La méthode : comment semer une graine en place au potager ?

Quand on lance un potager, il me paraît inévitable de devoir maîtriser le semis en pleine terre. Mais comment doit-on procéder ? Je vous présente ici les trois méthodes principales que j'utilise.

Le semis à la volée

Cette méthode est la plus ancienne et traditionnelle. Elle consiste à semer les graines à la main sur la totalité de la zone de culture en les répartissant de la manière la plus régulière possible. Pour cela, on se met debout, on prend dans le creux de la main une petite poignée de graines et on secoue le bras de gauche à droite très légèrement en entrouvrant les doigts. Ce geste me fait penser à de la pâtisserie et d'ailleurs on saupoudre littéralement la terre de petites semences.
Une fois les graines disposées à la surface de la terre, on vient les « enfouir » à l'aide d'un râteau pour bien les mélanger à la terre en appuyant juste légèrement sur l'outil. Cela les déplace quelque peu mais permet de les enfouir pour assurer un bon développement sans poche d'air et éviter qu'elles ne deviennent la nourriture préférée des oiseaux. Certaines personnes n'utilisent pas d'outil et se contentent de recouvrir les graines d'une fine couche de terre tamisée ou de terreau.
Honnêtement, c'est la méthode la plus difficile à réaliser selon moi. C'est avec l'expérience que le geste prend de l'assurance et que l'on devient un vrai pro ! On peut mélanger les toutes petites semences avec une quantité égale de sable ou même de couscous. En augmentant le volume de la matière à semer, les graines s'éparpillent plus facilement à la surface et cela évite les paquets.
Le semis à la volée est sans doute à privilégier pour les cultures sur buttes ou lorsque l'on veut consacrer un espace à une culture spécifique. C'est aussi un bon moyen de semer les engrais verts ou les céréales. Cette technique est également utilisée lorsque l'on sème du gazon et on peut l'adopter pour semer un mélange de fleurs afin de créer des zones mellifères et sauvages dans nos jardins.

Pour les deux techniques suivantes, tout se passe accroupi. C'est une position que l'on tient beaucoup lorsque l'on jardine et qui peut parfois faire mal au dos et être désagréable lorsque l'on n'est pas habitué. Je vous rassure, on prend vite le pli et dans un jardin amateur, cela reste tout à fait supportable.

Le semis en ligne

Il s'agit de réaliser – au cordeau ou à l'œil, c'est vous qui décidez – des sillons de la longueur souhaitée pour y implanter les graines. On peut tracer ces lignes avec une houe, une serfouette, un bâton, une petite cuillère, le doigt… Faites au plus simple ! Pour la profondeur et l'espacement par contre, cela dépend évidemment de la taille de la graine et du futur plant, donc pas de généralité à vous indiquer.

Une fois que le sillon est creusé, on y dépose nos semences en les espaçant de la taille du futur plant et on le referme à l'aide d'une serfouette ou même simplement de la main. On tapote légèrement la surface du sol afin de faire « coller » les graines à la terre et hop, le tour est joué !
C'est la méthode que je pratique le plus souvent car c'est celle qui me semble la moins compliquée et la plus efficace. Elle nécessite toutefois de disposer d'un minimum de place. On peut par exemple l'utiliser pour le semis direct de radis, de fèves ou encore d'épinards.

Le semis en poquet

Pour ce semis, on creuse des petits trous plus ou moins espacés (en fonction de la taille de la graine et du futur plant, encore une fois) et on vient placer deux à cinq graines à l'intérieur de chacun d'eux. On referme le trou à l'aide d'un outil ou en le recouvrant d'une poignée de terre et c'est tout.
Certains réalisent des trous en quinconce pour espacer les plants, d'autres en ligne, libre à vous d'adopter votre propre style. Bien évidemment, cela dépendra de la taille de votre zone de culture et de la variété que vous souhaitez implanter.
Cette méthode vous permet d'assurer le coup et d'avoir normalement au moins une graine qui germe par poquet. Je la trouve intéressante pour les graines qui commencent à dater et dont on n'est pas certain de la bonne germination. On sème en poquets les haricots, les pois ou encore les tournesols.

Peu importe la méthode de semis que vous adoptez, n'oubliez pas une chose : arroser abondamment juste après l'opération ! Attention, abondamment mais aussi délicatement pour ne pas déplacer les graines que vous venez de prendre le temps de semer. Pour cela, j'utilise une pomme sur mon arrosoir ou mon petit arrosoir maison (voir page 73), mais j'imagine que cela doit aussi très bien fonctionner avec des lances réglables sur les jets d'eau.

Un repère simple

La profondeur à laquelle on enfonce notre graine va toujours dépendre de sa taille. Retenez qu'on recouvre la semence d'environ deux fois son diamètre. Par exemple, si l'on sème un pois, on le mettra dans un trou de 2 cm environ. Bon à retenir aussi : mieux vaut enfouir un petit peu plus profondément les graines que pas assez.

Un semis de pois en poquet.

Les erreurs à éviter

Si c'est la première fois que vous réalisez un semis direct, vous risquez forcément de commettre des erreurs ! Pas forcément sur toute la ligne, mais il y aura un petit truc qui clochera… Par exemple j'ai souvent tendance à recouvrir mes graines d'une trop fine couche de terre. Parfois, cela ne suffit pas et le plant commence sa croissance dans une poche d'air, avec les racines à moitié aériennes. C'est encore plus embêtant lorsqu'il s'agit de légumes racines qui fileront pour ne faire que de la feuille… Cela m'est arrivé de nombreuses fois avec les radis ou encore les navets. A contrario, il est important de ne pas semer trop profondément, surtout au printemps, pour éviter le pourrissement des graines.
On peut par ailleurs facilement se louper sur la densité du semis. Notamment en semant de manière irrégulière – surtout si l'on pratique un semis à la volée – ce qui provoque des trous dans nos lignes de cultures et une perte de place précieuse dans notre potager.
Il arrive aussi parfois de semer trop dense. On gâche des semences, donc de l'argent si on les a achetées dans le commerce. Si on a eu la main trop lourde au moment du semis, il faut ensuite sacrifier des petites pousses au détriment d'autres, cruel n'est-ce pas ? Cependant, vous allez voir que l'on y est souvent contraint.

Les semoirs

Pour plus de précision, il est possible de s'équiper d'un semoir. Il s'agit d'un petit récipient (souvent en plastique) dans lequel on dépose la quantité totale des graines que l'on souhaite semer et qui les délivre au compte-goutte. Cela peut être drôlement pratique notamment pour les petites graines comme les radis ou les carottes.

Lorsque j'ai eu la chance de semer des graines dans les différentes fermes par lesquelles je suis passée, j'ai aussi eu l'occasion d'utiliser un semoir professionnel. On place les graines dans un récipient monté sur roues que l'on déplace à l'aide d'un long manche sur la surface du sol. Très pratique à utiliser pour de grandes surfaces cultivées mais assez onéreux.

Une cloche improvisée pour protéger les jeunes laitues.

L'entretien

Éclaircir les rangs

Comme évoqué juste avant, une des erreurs que l'on commet le plus lorsque l'on sème directement en place consiste à semer trop dru. Il sera ensuite nécessaire d'éclaircir, ce qui correspond selon moi à la corvée la plus pénible au potager. Cela prend un temps fou, demande beaucoup de minutie et fait tellement mal au dos… Je n'y ai malheureusement pas souvent échappé en cas de semis en pleine terre. Cette pratique consiste à retirer un certain nombre de petites pousses sorties de terre afin d'aérer la surface cultivée, de donner plus d'espace aux autres et de leur permettre de grandir dans les meilleures conditions.
On peut assez facilement repérer le moment auquel intervenir : les plantules commencent à se toucher et se gêner les unes les autres. En fonction de la culture, on décide combien de pousses on veut garder. S'il s'agit par exemple de carottes, on laisse en place une plantule tous les 5 à 6 cm. On sauve bien entendu celles que l'on juge les plus robustes, qui ont le plus de feuilles, que l'on sent bien enracinées. Le reste, on l'arrache !
J'ai déjà vu des gens le faire à la pince à épiler pour plus de précision, pour ma part j'opère directement à la main.

Semer plus dense

Je suis allée dans plusieurs fermes dans lesquelles on pratiquait des semis très denses pour optimiser les surfaces cultivées. Dans l'une d'entre elles, on cultive les épinards, les betteraves et les blettes en jeunes pousses. Les graines sont semées à la volée, de manière beaucoup plus dense que ce que l'on ferait pour cultiver ces légumes jusqu'à leur stade final. Régulièrement, on vient couper les feuilles des jeunes plants avec une paire de ciseaux pour en faire des mescluns colorés et gourmands. Et, magie, les feuilles repoussent toutes seules pour la prochaine récolte ! Dans un autre endroit inspirant, le maraîcher cultive des microlégumes. Pour cela, il sème ses graines de façon très rapprochée sur sa planche de culture et propose des légumes pas comme les autres : carottes Rondes de Paris, minifenouils et choux Pak choï… Les récoltes sont gonflées des nutriments du début de leur croissance et ont un goût et une texture à tomber !

Protéger les semis

Les plants qui naissent directement en pleine terre vont être plus sujets aux attaques de bébêtes qui raffolent des jeunes pousses. Pour protéger les plants dans leurs premiers jours – après la levée donc – je place au-dessus d'eux des protections. J'ai réalisé des petites cloches à l'aide de bouteilles en plastique découpées pour imiter les cloches en verre soufflé utilisées au XIXe siècle. Elles permettent aux plants de faire tranquillement leurs premières vraies feuilles sans être dévorés. Au stade de quatre feuilles, je considère que le plant est suffisamment robuste pour se défendre et plus assez tendre pour les voraces intéressés. Bien entendu, je n'ai pas assez de cloches pour toutes les graines qui germent, je dois donc régulièrement choisir lesquelles protéger.

Pour détourner l'attention de tous les rampants, je pratique souvent le compostage de surface. Cela consiste à mettre aux pieds des plants cultivés des déchets de culture ou alimentaires que j'aurais pu mettre au compost. À la place, je les dépose sur mes zones de culture pour qu'ils deviennent une véritable cantine.

On peut aussi utiliser des filets de protection. Cette solution permet de protéger les plants des gastéropodes mais aussi des altises et autres nuisibles au potager. Cela nécessitera d'y consacrer un petit budget mais cela sera vite rentabilisé. Il vous faudra prévoir des arceaux pour ne pas coller le filet directement aux cultures.

Arroser

Sans eau, il n'y a pas de vie. L'arrosage est une des clés de la réussite d'un potager en bonne santé et productif. Il faut trouver l'équilibre qui convient à votre sol en fonction de sa composition et de sa structure. Encore une fois, il n'y a malheureusement pas une seule et unique méthode pour arroser au mieux. La terre de mon potager était au départ assez pauvre. Je l'enrichis d'année en année grâce à de gros apports de matières organiques et sa structure s'améliore. Je connais mon sol et voici la technique que j'ai mise en place et qui me semble efficace chez moi.

J'arrose copieusement, de manière régulière mais espacée, la plupart du temps une seule fois par semaine. En dehors des périodes de repiquage, de semis en pleine terre et de forte sécheresse où je suis beaucoup plus vigilante.

J'utilise de l'eau de pluie car, on le sait plus que jamais, l'eau va se faire rare, très rare… Il y a donc deux grosses tonnes à eau pour la récupérer dans le jardin. Ce n'est pas esthétique, mais vraiment très pratique. J'ai aussi placé un gros seau sur le rebord de la fenêtre de ma cuisine dans lequel je vide quotidiennement les eaux de rinçage des légumes ou de cuisson.

Je dispose d'un tuyau d'arrosage de 50 m connecté au réseau mais je l'utilise vraiment très peu. Uniquement quand les tonnes à eau sont vides (comme au cours de l'été 2022 par exemple) ou quand je n'ai que peu de temps pour arroser l'ensemble du potager et de la serre, car bien sûr c'est plus rapide.

Vous avez sans doute déjà entendu parler des oyas. Ces poteries artisanales qui permettent d'irriguer en profondeur le sol, même en notre absence. Pour ma part, j'en ai une dans la serre depuis deux ans. Je n'ai toujours pas bien compris si elle était efficace ou non. Je me garderai bien de vous faire un bilan de son utilité. En tout cas, elle est régulièrement vide, ce qui semble montrer que l'eau finit

quelque part dans mon sol ! En plus de cela, elle est jolie, réalisée par des artisans locaux dans un matériau responsable et durable.
Bien entendu, vous trouverez toutes sortes de tuyaux d'arrosage et de goutte à goutte dans les magasins spécialisés, si cela vous paraît plus adapté à votre situation et votre potager.

Soutenir les plants

Comme je l'évoquais précédemment (voir page 96), de nombreuses cultures ont besoin de soutien pour mieux grandir et supporter le poids de leurs productions.

En menant les plants à la verticale, on peut gagner de la place au potager grâce à plusieurs « étages » de cultures. Il y a de nombreuses façons d'aider les plants au potager. J'en utilise principalement deux : en plaçant des tuteurs en guise de colonne vertébrale pour les plants qui possèdent une tige principale à soutenir ou en installant des treillis auxquels viennent s'accrocher ceux qui se ramifient.
Pour créer un treillis, on peut utiliser une palette de récupération que l'on pose sur le sol et que l'on vient soutenir grâce à deux piquets ancrés bien profondément de part et d'autre de la structure. J'ai notamment expérimenté cette technique pour les courges et cela fonctionne à merveille. En plus de donner un axe de croissance aux tiges, la palette soutient les fruits et leur évite d'être posés au sol.
Pour les haricots et les pois, j'ai souvent mis en place un système rodé : un tuteur de chaque côté de mes rangs et des ficelles qui soutiennent les plants placées à trois hauteurs différentes : à la base, à environ 30 cm du sol puis encore 30 cm au-dessus. La première ficelle est mise en place quand les plants sont encore petits, la deuxième quand ils mesurent une quinzaine de centimètres et la dernière vient soutenir le tout quand les plants commencent à donner.
Depuis peu, j'ai investi dans un treillis de maçon métallique d'1 m de hauteur et bien solide. Je soutiens la structure avec deux grands tuteurs métalliques de chaque côté et plus rien ne bouge pour la saison. Autour de moi, j'ai vu des personnes utiliser des arches et des structures vraiment bien faites et achetées en jardinerie.
Très important : il faut positionner ces structures au moment où l'on sème les graines. Si on le fait alors que la culture est déjà haute, on prend des risques de l'abîmer et de casser des tiges.

Désherber

Après l'éclaircissage des semis, quelle est la tâche la moins aimée du potager ? Le désherbage, évidemment ! J'essaie autant que possible de bien préparer mon sol en amont pour l'ameublir au mieux et éliminer le maximum de pousses et de racines d'adventices. Mais, au fait, pourquoi sont-elles gênantes et ne les laisse-t-on pas vivre leur vie parmi nos espèces cultivées ? Tout d'abord, parce qu'elles entrent en concurrence avec nos plants en leur piquant eau, nutriments et espace vital. Ensuite, si on leur laisse un petit passage, certaines sont capables de venir complètement étouffer les plants. C'est le cas par exemple du fameux liseron. Il a déjà complètement pris le dessus sur certains de mes plants en s'enroulant autour, les privant ainsi de lumière et d'oxygène.

Certaines personnes effectuent ce que l'on appelle un « faux semis » avant de semer leurs graines en pleine terre. Il s'agit d'une technique qui consiste à préparer le sol en vue d'un semis : on l'ameublit sur les cinq premiers centimètres et on l'arrose généreusement – si la météo ne prévoit pas de pluie. Ainsi, les graines d'adventices remontées à la surface vont se mettre à germer au contact de l'eau et de la lumière. Une fois celles-ci poussées, on désherbe. On peut alors semer notre culture directement après. Je vous l'accorde, cela demande d'être très organisé et d'anticiper les cultures.

Détrompez-vous, aucune plante n'est bannie de mon jardin ! Je laisse une grande place aux indésirables et j'y ai d'ailleurs implanté plusieurs espèces sauvages comme l'ortie ou la consoude. Il y a des zones sans aucune intervention humaine à plusieurs endroits du jardin et autour de mes zones de culture, je laisse des bandes de plantes sauvages que je ne tonds jamais. Il y a de la place pour tout le monde !

Butter les plants

Pour aider les tiges principales de certaines cultures comme les fèves, les pois ou les haricots, je rassemble de la terre de part et d'autre de leurs pieds à l'aide de ma serfouette. Ensuite, je n'hésite pas à tasser légèrement la terre puis j'arrose généreusement avant de pailler le sol (voir page 127). Je crée ainsi une petite butte autour de mes plants. Cela permet de consolider leur base et de renforcer leur système racinaire.

C'est également le geste que l'on applique pour les pommes de terre lorsque l'on veut que les plants continuent de produire en grande quantité. Comme le fruit de la récolte est dans le sol, plus l'épaisseur de terre est importante, plus les plants de patates produisent !

Maxime paille les fèves pour
les protéger cet hiver.

Et après... ?

Une fois les quatre premières feuilles de vos plants sorties, on peut considérer que votre semis en pleine terre est une réussite, bien joué ! Je tenais tout de même à ajouter ces petites recommandations pour accompagner au mieux vos cultures jusqu'à la récolte.

Pailler son potager

Pailler, c'est recouvrir le sol du potager de matériaux divers afin de ne pas le laisser à nu. Il s'agit d'une très bonne pratique à adopter et qui possède de nombreux avantages.
L'été, le paillis préserve le sol et les racines du dessèchement et permet d'espacer les arrosages. L'hiver, il agit à l'instar d'une couette et protège la terre des températures trop basses, notamment en cas de gelées.
Par ailleurs, cela évite aux graines d'adventices de voir le jour et d'envahir les zones de culture. Même si certaines se fraient toujours un chemin, leur présence est grandement diminuée. J'ai aussi remarqué en utilisant du paillis de chanvre que certains insectes ou gastéropodes étaient moins présents.
Enfin, en se décomposant, le paillis devient humus. Il nourrit ainsi le sol et en améliore la composition. Parlons maintenant des matériaux à utiliser car plusieurs options s'offrent à vous. J'ai pour habitude de dire que le meilleur est celui qui est à votre disposition. Donc si vous habitez près d'un bois, paillez à l'aide de feuilles mortes. Si votre voisin est agriculteur, achetez-lui du foin. Si vous êtes en pleine ville, vous pouvez pailler avec vos déchets alimentaires, des coquilles de noix ou de noisettes. Vous pouvez utiliser les tontes de votre jardin ou encore acheter du paillis végétal en jardinerie ou en pépinière… J'ai d'ailleurs récemment eu un coup de cœur pour des copeaux de miscanthus achetés dans ma pépinière. Comme souvent en jardinage, le mieux est de faire en fonction de votre situation, du temps dont vous disposez et de votre budget.

Nourrir les cultures

Je vous le rappelle : si votre sol est en bonne santé, vos cultures le seront également. Un potager productif s'obtient grâce à un sol vivant. Pour cela, rien de tel qu'un sol nourri en profondeur avec des amendements réguliers en matières organiques variées : compost, fumier, déchets de cultures, tontes… Ces apports ne se font pas en quelques jours, ni en quelques mois, il faudra plusieurs années avant d'avoir un sol vivant et suffisamment riche. Une fois les cultures en place, il est déconseillé d'utiliser du fumier, surtout s'il n'est pas complètement mûr. Gardez-le pour nourrir le sol à l'automne sur des surfaces non cultivées. Vous pourrez apporter le reste des matières citées en quantité raisonnable aux pieds de vos plants.

J'insiste ici sur la distinction entre les amendements qui ont une assimilation plus longue et qui nourrissent le sol, et les engrais qui agissent de façon directe mais pour aider les plants et non le sol. Je vous vois froncer les sourcils, qui dit engrais ne dit pas forcément engrais chimiques. On trouve toute une gamme, de plus en plus développée, d'engrais naturels et utilisables en agriculture biologique.
D'ailleurs, pour nourrir mes plants en plus de ma terre, j'ai pris l'habitude de réaliser moi-même des potions magiques à partir de végétaux. Je vous ai parlé du purin d'ortie que je réalise et utilise au moment du repiquage des plants en pleine terre (voir pages 98 et 99). Cet engrais naturel est aussi très efficace pour booster les légumes feuilles comme les blettes ou les épinards par exemple. Je l'utilise à peu près toutes les deux semaines au début de leur croissance, dilué dans l'eau d'arrosage.
Au fil de la saison, je confectionne également un purin de consoude. Celui-ci permet de stimuler la floraison et la production de fruits. Il est parfait pour donner un coup de pouce à tous les légumes fruits. Pour la réalisation, je procède exactement de la même manière qu'avec l'ortie.
Vous pouvez aussi nourrir vos cultures à partir d'engrais naturels comme des granulés de fumier de cheval. On en trouve en gros sacs dans les jardineries et les pépinières. On en dépose avec parcimonie une petite poignée au pied des cultures au moment du repiquage et cela les renforce pour la saison !
Afin de pallier certaines carences en nutriments, on peut aussi trouver en jardinerie pléthore d'autres engrais naturels et utilisables en agriculture biologique.

De l'urine au potager

On a tendance à la considérer comme un déchet et pourtant il s'agit d'une vraie ressource au potager ! Composée en grande majorité d'eau, elle contient aussi une dose importante d'azote bénéfique à nos cultures, surtout les légumes feuilles comme les salades. J'ai pris l'habitude de la conserver dans des bouteilles que je viens vider dans mes arrosoirs en fonction des besoins de mes plants. Je dilue toujours un litre d'urine dans neuf litres d'eau que j'utilise au moment de la croissance de mes légumes, pas avant. Je recommence au moment du repiquage, quinze jours plus tard et une dernière fois encore quinze jours après. La différence avec les autres plants est vraiment notable !

LES LÉGUMES FACILES À CULTIVER POUR COMMENCER

Récolte printanière : chou kale, blettes, petits pois et fèves.

Les légumes dont je vais vous parler ici ne demandent que peu d'entretien et de connaissances en jardinage et sont d'une productivité qui défie toute concurrence ! Ce ne sont peut-être pas les légumes que vous auriez pensé cultiver en premiers mais il me semble qu'il s'agit des plus satisfaisants pour des jardiniers débutants.

Les semis faciles à réussir : les grosses graines

C'est un moyen mnémotechnique plutôt simple : qui dit grosses graines dit semis faciles. Contrairement aux toutes petites graines – comme celles du coquelicot, du persil ou de la carotte, par exemple – on voit combien on en sème et où, c'est déjà un gros avantage. Pour moi, rien de plus difficile qu'un semis à la volée avec de petites graines alors que quand je m'attaque à un semis de fève, de pois ou de haricot, je suis vraiment en joie ! On peut semer directement en godets assez gros et pas besoin de terreau spécifique pour les semis. La veille, on peut mettre les semences à tremper dans l'eau afin de faciliter leur germination. On peut ainsi en profiter pour ôter les graines qui flottent, cela signifie qu'elles sont vides à l'intérieur et qu'elles ne germeront donc pas.
Au-delà d'un début à la portée de tous, la plupart des variétés à grosses graines sont aussi très faciles à cultiver par la suite… Jackpot !
Attention aux cucurbitacées comme la courge ou la courgette dont je vous parlerai plus amplement dans un paragraphe suivant dédié aux « faux amis ». C'est l'exception qui confirme la règle : elles ont des grosses graines mais ne sont pas des plus simples à cultiver.

La fève

C'est simple, c'est un de mes légumes préférés ! Elle a l'avantage de fixer l'azote dans le sol, c'est pourquoi je l'implante toujours sur la planche que je vais réserver à mes cultures gourmandes par la suite de la saison. Je sème les graines à l'automne pour qu'elles s'implantent bien, hibernent et poussent plus rapidement dès l'arrivée du redoux. La fève n'est pas gélive donc si vous êtes dans des régions tempérées, rien à craindre.
Pour cultiver vos fèves, vous pouvez semer les graines en godets dans un premier temps et les repiquer en pleine terre une fois que les pousses ont atteint une dizaine de centimètres.
Vous pouvez aussi semer directement en place au potager, dans un sillon de 5 cm de profondeur. Espacez les graines de 20 cm et les rangées d'environ 60 cm entre elles.
Une fois les plants grands d'une quinzaine de centimètres, buttez-les (voir page 125) pour solidifier la tige principale.

Vous pouvez aussi installer une structure pour les soutenir (voir page 122). Ainsi, la culture sera palissée et pourra pleinement s'épanouir sans céder sous le poids des gousses.
♥ ***Ma variété coup de cœur :*** fève Aguadulce et Supersimonia.

Le haricot

Il y a très peu de risque de rater la culture de cette légumineuse et, promis, si vous le boudez à cause des souvenirs de la cantine, vous allez vous réconcilier avec lui. Rien de tel qu'un haricot frais !
Il faut avoir en tête que le haricot n'aime pas le froid : si on le sème trop tôt ou dans un sol trop humide, on risque de voir pourrir ses graines. Pour ne prendre aucun risque, on le sème dans un sol réchauffé début mai ou en godets à partir d'avril, en attendant que la température du sol dépasse les 15 °C. En pleine terre, je les sème en sillons à 3 cm de profondeur tous les 5 cm, ou je repique les plants préparés en amont espacés entre eux de 20 cm.
La diversité de variétés de haricots est impressionnante : à rames, nains, à écosser, plats, à longues cosses, à fines gousses… Je vous l'accorde, on s'y perd un peu. Le haricot à rames est un grimpant, qui peut monter jusqu'à 5 m de hauteur, pour certaines variétés. Le nain, comme son nom l'indique, est un haricot avec un port plus bas. Les haricots à écosser seront à faire sécher sur le plant et à manger durs. Certaines variétés sont également mises en avant car garanties sans fils au moment de la consommation.
♥ ***Mes variétés coups de cœur :*** haricot à rames Neckarkönigin, haricot nain Reine des pourpres et Triomphe de Farcy.

La capucine

Pour commencer, sa graine ridée germe à la vitesse de l'éclair. Elle donne des fleurs allant du jaune pâle à l'orange intense qui ont un goût poivré succulent. On peut manger les fleurs et les feuilles et faire des câpres avec ses graines… Alors pourquoi se priver de cultiver cette fleur incroyable au potager ?
Je sème toujours mes graines en godets à partir d'avril car si elles sont semées en pleine terre, les jeunes pousses se font attaquer par les limaces. De plus, les graines craignent l'eau stagnante et peuvent facilement pourrir.
Elles germent à une température idéale entre 12 et 15 °C. Leur petit secret ? Une fois en place, elles sont plutôt lentes à démarrer et apprécient la chaleur, il faut donc être patient avec elles et elles s'épanouiront en même temps que l'été.
La capucine a, comme beaucoup de fleurs, la spécificité de se ressemer toute seule. Il vous suffit de laisser faire Dame Nature et à la fin de l'été, ses graines tomberont au sol, passeront l'hiver en dormance pour se réveiller au printemps suivant. On en sème une fois et on en a pour toute la vie !
On peut cultiver la capucine en pleine terre, mais elle se plaît aussi très bien dans des pots ou des jardinières. Attention, je la cultive souvent à l'écart du potager ou dans les allées car elle a tendance à attirer les pucerons. C'est parfait pour les éloigner des plantes que l'on veut protéger ! Veillez donc à ne pas les cultiver en plein milieu de variétés qui les craignent.
♥ ***Mes variétés coups de cœur*** : capucine grimpante et Moonlight.

Des haricots Reine des pourpres à gauche et Triomphe de Farcy à droite.

Blettes Bright lights en mélange.

Les cultures qui ont un bon rendement

Semer, c'est bien. Si on peut manger ce que l'on sème, c'est encore mieux. Lorsque j'ai commencé à jardiner, les deux ou trois premières années, je cultivais plus le plaisir que les légumes. Résultat : pas grand-chose à mettre dans l'assiette. Depuis, j'ai appris à semer en plus grandes quantités et à choisir des cultures que je sais productives.

La blette

Après l'avoir cultivée une première fois, elle est devenue mon légume préféré ! Aussi appelée « poirée » ou « carde », je trouve que ce légume est encore un peu boudé… Pourtant il fait partie de mes plus grandes réussites au potager et je convaincs tout le monde autour de moi de l'essayer !
Ses graines sont des glomérules : quand on en sème une, elle produit plusieurs plants ! Ensuite, on peut semer ce légume quasiment toute l'année – de mars à septembre. Enfin, une fois en place, la blette ne demande quasiment aucun entretien. De temps en temps, un petit apport d'azote grâce à un peu d'urine ou de purin d'ortie dilué à 10 % dans l'eau d'arrosage pour booster les feuilles et le tour est joué !
Pour cultiver les blettes à la folie, je sème toujours les graines en godets au préalable car les gastéropodes raffolent des jeunes pousses. Cela me permet aussi de « démarier » les plants : lorsqu'une graine donne plusieurs pousses, je les sépare et les repique dans des godets individuels. Quand les semis ont quatre belles feuilles et sont bien solides, je les repique en pleine terre. Attention, ça devient costaud alors prévoyez un périmètre disponible d'environ 40 cm autour de chaque pied.
Cette année, mes pieds de blettes sont montés en graines et ont produit chacun des milliers de glomérules à récolter ! J'en ai profité pour faire ma récolte de semences mais aussi pour en éparpiller directement au sol. Cela a créé plein de nouveaux plants que je vais cultiver en jeunes pousses pour mes salades.
♥ ***Ma variété coup de cœur :*** blette Bright lights.

L'épinard

Rien que d'en parler, j'en ai l'eau à la bouche : la jeune pousse d'épinard en salade, une bonne tombée d'épinards au beurre, un samoussa épinards et féta… Quel régal !
Il y a deux écoles pour semer les épinards : les semis en pleine terre en lignes tous les 2 ou 3 cm, ou les semis sous abri. Je les sème souvent dans ma serre en plaques alvéolées pour prendre de l'avance et les repiquer en place tous les 10 à 15 cm à partir de la mi-mars. Je mets deux graines par alvéole car j'ai connu des taux de germination fluctuants et dans le cas où les deux pousses prennent, ça en fait plus à l'arrivée !

Le secret pour réussir cette culture est de la garder bien humide tout au long de sa croissance. Un arrosage pas forcément abondant mais toujours régulier. Dès les premières chaleurs, votre plant d'épinard vous fera comprendre que ce n'est pas sa came et il montera en graines. Réservez-lui donc une place de choix à la mi-ombre.

❤ ***Mes variétés coups de cœur :*** épinard Matador et Géant d'hiver.

Un plant de mauves : une plante mellifère
à avoir dans son jardin !

Maxime récolte les patates cultivées sous foin.

Les cultures qui demandent peu d'entretien

Cultiver des légumes dans son potager sans même acheter de graines, vous y croyez ? Je le fais chaque année en plantant des patates et de l'ail de mon maraîcher bio. Ça a tellement bien fonctionné les premières années que je ne changerai de méthode pour rien au monde. Je vous l'accorde, il faut de la place dans son jardin pour mener à bien mes deux cultures chouchous mais on peut s'essayer sur de petites surfaces, juste pour le plaisir. Ce sont deux légumes qui ne demandent quasiment aucun entretien une fois plantés au potager. Ça donne envie, non ?

La pomme de terre

On commence à faire germer les patates au début du mois de mars en les disposant à plat dans une cagette, dans une pièce lumineuse et bien sèche. Petit à petit, vous allez voir les germes apparaître. Il est important qu'ils soient bien violets, gros et trapus et non longs, fins et blancs.
Le bon moment pour les mettre en terre ? Lorsque les germes font 2 à 3 cm de long. Généralement, on les plante courant avril. Les grands-mères disent qu'il faut attendre l'apparition des premières fleurs de lilas avant de se lancer.
On place une pomme de terre tous les 30 cm comme on peut avec l'espace que l'on a. Certains les plantent en lignes, d'autres en quinconces. Pour ma part, je n'ai jamais fait de beaux rangs bien alignés. J'ai d'ailleurs souvent cultivé mes patates sous foin, c'est-à-dire directement posées sur l'herbe fraîchement tondue du jardin, recouverte d'une grosse poignée de compost et ensuite d'une couche de tonte fraîche puis de foin ou de paille. Cela fonctionne très bien. J'ai peut-être un moins bon rendement que les puristes qui plantent en pleine terre et qui buttent les plants mais je me casse moins la tête.
Je connais aussi plusieurs personnes qui se sont essayées à la culture de pommes de terre hors-sol, parfois même directement dans les sacs de terreau. Si le temps n'est pas trop chaud et que vous trouvez au contenant un coin à la mi-ombre, je suis sûre que cela peut fonctionner.
Bon à savoir : c'est une culture qui prend son temps. Pour les pommes de terre précoces, il faudra compter soixante-dix jours après la plantation et pour les plus tardives jusqu'à cent ! Mais si vous avez envie de vous faire plaisir, vous n'êtes pas obligé de faire toute votre récolte en une fois et vous pouvez déraciner un pied de temps en temps ou même gratter à la surface de celui-ci pour récupérer quelques patates et continuer de faire pousser le reste.

L'ail

C'est une culture que j'ai découverte tardivement et je trouve que l'on en parle trop peu… C'est très simple et tellement satisfaisant de produire son propre ail ! Seul prérequis : avoir un peu de place dans votre jardin car c'est une culture qui restera en place de novembre à juillet.

Pour être autonome en ail toute l'année, je prévois une vingtaine de gousses qui donneront donc vingt têtes d'ail à récolter par la suite.

Fin octobre ou début novembre, c'est le bon moment pour planter l'ail blanc : on place les gousses côté pointu vers le haut tous les 20 cm, dans une terre exposée sud et buttée de préférence. On recouvre légèrement la gousse sans l'ensevelir et rien à faire de plus. On n'arrose quasiment pas, sauf en cas de grosse sécheresse et on ne paille pas non plus car cette culture est très sujette à la moisissure. Si vous voyez que les plants sont timides, vous pouvez leur apporter un peu de cendre de temps à autre et reformer la butte autour des plants.

En juin ou juillet, quand les feuilles commencent à jaunir et sécher, c'est signe qu'il est temps de récolter. Faites sécher les têtes une bonne journée en plein soleil avant de les rentrer et de les conserver dans votre cuisine. Cela évitera qu'il reste de l'humidité à l'intérieur et que les gousses pourrissent… Ce serait dommage !

Les faux amis

Attention, j'ai dit que je vous présentais des légumes « faciles à cultiver » et non simplement à semer. Certaines cultures sont très satisfaisantes à semer car elles ont une levée rapide et sont très vigoureuses mais ensuite, ça se corse…

La courgette

La graine de courgette fait partie de ces faux amis. Elle germe avec facilité et sa croissance est rapide, en à peine trois semaines le plant sera prêt à être repiqué en terre ! Mais après cela, plusieurs problèmes se présentent à nous, dont deux principaux : l'irrigation et la pollinisation. Il faut savoir que la courgette est très sensible au stress hydrique, ses grandes feuilles provoquent une évaporation importante d'eau. On doit donc l'arroser de manière régulière, ni trop ni trop peu. De plus, il faut être vigilant car c'est une culture sujette à l'oïdium (voir page 91). Pour l'éviter, il est conseillé d'arroser le plant à son pied et de ne pas trop mouiller les feuilles.
Pour ce qui est de la pollinisation, les plants de courgettes produisent des fleurs mâles et d'autres femelles. Celles de ces dernières porteront des fruits et auront besoin d'être fécondées par les fleurs mâles. La plupart du temps, les insectes présents dans votre jardin et le vent remplissent très bien cette mission, mais parfois c'est au jardinier de s'en occuper en frottant le pistil de la fleur mâle dans la fleur femelle. Sacrée responsabilité ! Et puis il faut toujours garder l'œil sur ses plants pour repérer les fleurs… Pas très pratique.
À retenir : ce qui est valable ici pour la courgette l'est tout autant pour les courges et la famille des cucurbitacées en général.
Pour y arriver : repiquez votre plant de courgette dans un sol bien riche et toujours paillé pour garder l'humidité. Vous pouvez l'implanter aux pieds de cultures qui lui feront de l'ombre comme les tomates ou le maïs. Pensez à bien lui réserver un bon mètre carré pour qu'elle ne se sente pas à l'étroit. Pour la pollinisation, surveillez les fleurs prêtes à s'ouvrir chaque matin et quand la fleur femelle s'ouvre enfin, coupez une fleur mâle pour venir frotter son pistil dans la fleur femelle. Vous aurez un fruit à coup sûr !

Le radis

On entend et on lit beaucoup de choses qui me hérissent les poils sur les légumes soi-disant inratables au potager. Par exemple, il semblerait que les radis fassent partie de ceux-là… Pour ma part, je trouve que ce n'est pas le cas. Tout d'abord, c'est une culture qui nécessite d'être particulièrement régulier sur l'arrosage, il m'est arrivé si souvent de n'avoir que des feuilles et pas de racine à me mettre sous la dent à cause d'un arrosage trop faible… Heureusement que j'adore le pesto de fanes de radis ! Par manque d'eau, les radis peuvent aussi devenir piquants et je peux vous dire qu'ils sont rapidement immangeables. Les jeunes pousses peuvent également très vite filer, j'y ai été confrontée à plusieurs reprises. Enfin, je trouve que ce n'est pas évident de réussir à semer les graines à la juste profondeur. J'ai souvent semé trop en surface de la terre et mes plantules n'avaient pas la terre suffisante pour bien développer leurs racines. On se retrouve avec des radicelles toutes fines et roses, pas même satisfaisantes pour les poules.

Pour y arriver : semez vos graines de radis dans un sol meuble et arrosez quotidiennement jusqu'à la levée si la pluie ne le fait pas à votre place. Mieux vaut semer plus que pas assez, vous éclaircirez ensuite. Et mieux vaut plus profond que pas assez, la pousse trouvera toujours à pointer le bout de son nez.

La carotte

Même combat pour les carottes qui nécessitent un sol meuble, sans cailloux et légèrement sableux. Il faut aussi leur apporter une humidité constante dans les premiers jours qui suivent le semis pour que les graines lèvent correctement mais ne pas arroser trop non plus pour éviter de déplacer ces si petites graines… Il est fortement contre-indiqué de pailler au risque de voir pourrir le collet et les carottes par la suite. Je jardine depuis plus de six ans et je viens seulement de réussir mes deux premières rangées de carottes… Décidément pas à la portée de tous !

Pour y arriver : on trouve dans le commerce des rubans de graines qui garantissent la bonne distance entre les graines des légumes, pratique pour les légumes racines comme la carotte ! Aérez bien le sol avant le semis et ratissez délicatement la surface. Après le semis, gardez votre sol bien humide dans la semaine qui suit.

La laitue

Je ne vais pas vous raconter des salades… Cette culture n'est pas aisée ! La graine de laitue a besoin d'une température autour de 15 °C pour donner un plant en bonne et due forme. La plupart du temps, je commence mes semis en février : à l'intérieur, il fait trop chaud pour les laitues et dans une serre ou un châssis, encore trop froid… Un vrai casse-tête ! J'ai mis trois ans avant de réussir à faire pousser mes premières salades correctement. À chaque fois, je faisais face à des semis qui filaient et dont les pousses étaient translucides et sans vigueur.

Pour y arriver : semez à partir de mars seulement et dans un endroit lumineux mais pas trop chaud : une véranda, une serre, un châssis… On trouve en jardinerie des petites serres en plastique qui vous permettent de laisser les semis dehors, même si l'on n'a pas d'espace dédié. Je ne suis pas fan de ce genre d'objet mais parfois, ça sauve bien la mise !

La tomate

J'entends souvent des gens conseiller de commencer son potager par le semis de tomates. C'est une culture que je qualifierais de moyenne au niveau difficulté mais qui réserve plein de petites embûches en chemin. Pour commencer, les semis peuvent filer très facilement, ensuite les plants ont tendance à végéter si on ne les repique pas dans des godets individuels assez grands, enfin c'est une culture qui

Mes toutes premières carottes !

reste très gourmande en nutriments et qui nécessite un arrosage régulier et constant. Pas vraiment de tout repos pour un jardinier débutant…
Pour y arriver : garantissez la meilleure place au soleil à vos semis de tomates, ils sauront vous le rendre ! Ne commencez pas trop tôt en pensant prendre de l'avance, début mars suffit amplement selon moi. Repiquez vos plants en godets individuels dès que les premières feuilles apparaissent pour les renforcer.

Bref, vous l'aurez compris, tous ces « faux amis » sont souvent frustrants et je vous conseille de les oublier au profit des légumes dont je vous ai vanté les mérites. Promis, vous ne le regretterez pas pour un sou !

Semez ce qu'il vous plaît

Il existe autant de façons de jardiner que de jardiniers. Quand certains disposent d'un grand terrain pour implanter un potager de plusieurs dizaines (voire centaines !) de mètres carrés, d'autres ont seulement quelques bacs à disposition sur une terrasse ou un balcon.
Par ailleurs, la culture est étroitement liée au contenu de nos assiettes et il se trouve que, fort heureusement, nous n'avons pas tous les mêmes goûts. Certains ne jurent que par les salades de tomates alors que d'autres prendront un malin plaisir à cultiver leurs pommes de terre pour faire leurs propres frites. Nos modes de vie sont différents et nous ne possédons pas tous le même « temps libre » à consacrer au jardin.
Nous n'avons donc pas tous les mêmes objectifs : certains jardinent pour le plaisir quand d'autres vont vouloir atteindre l'autonomie alimentaire.
Ce livre témoigne de mes méthodes et de ma façon d'aborder les semis et le potager en tenant compte du temps que j'ai décidé d'y consacrer.
J'ai construit mon profil de jardinière au fil du temps, des expériences et des échecs. Si ces pages peuvent vous conduire à construire votre propre profil, en vous permettant d'adopter vos propres pratiques et habitudes, ce sera formidable !
Je n'ai jamais autant appris qu'en travaillant dans des jardins. Ainsi, je ne peux que vous conseiller de visiter des fermes, des jardins partagés, des jardins botaniques... Mais aussi et surtout de rencontrer des gens qui partagent votre passion pour le jardinage, de donner des coups de main et d'en recevoir en retour. À travers notre passion pour le potager, c'est notre passion pour le vivant tout simplement qui transparaît.
Et qui sait, peut-être qu'à un moment, cela pourra changer la donne ?

ANNEXES

Calendrier des semis mois par mois

Ce calendrier a été réalisé en prenant en compte un spectre de régions assez large, allant d'un climat doux à un climat frais en passant par un climat tempéré. Ne prenez pas ce calendrier au pied de la lettre et tenez bien compte de la zone géographique dans laquelle vous vous trouvez. Vous pourrez parfois ainsi avancer ou reculer les semis d'une quinzaine de jours, voire d'un mois.
J'ai essayé de mettre le plus en exergue possible l'importance d'échelonner les semis et donc d'en faire des petites séries. C'est pourquoi vous trouverez des espèces à de multiples reprises.
Vous verrez qu'il n'y a pas de semis à réaliser en décembre et en janvier, c'est le repos bien mérité du jardinier. Je me sers également de ces temps pour lister les variétés à cultiver, faire du tri dans mes semences, mettre en sachets les graines récoltées dans mon potager…

Les variétés testées et aimées au potager

Cette liste – évidemment non exhaustive – contient les variétés de graines que j'ai déjà pu tester dans mon potager ces dernières années et que je continue de semer d'une année sur l'autre. Comme vous pourrez le voir, il n'y a pas tous les légumes et que quelques variétés par espèce. Il n'y a pas non plus de variétés incroyables aux couleurs de l'arc-en-ciel, seulement des valeurs sûres qui sont plutôt faciles à trouver et simples à cultiver. Bref, vous avez ici selon moi l'essentiel d'un petit potager familial productif.

	TRAVAUX À RÉALISER À L'ABRI	TRAVAUX À RÉALISER EN PLEINE TERRE
FÉVRIER (à partir du 15)	**PREMIERS SEMIS** poivrons, piments, aubergines, laitues	**PREMIERS SEMIS** petits pois lisses[1], fèves et mange-tout
MARS	**REMPOTAGES INDIVIDUELS** poivrons, piments, aubergines **PREMIERS SEMIS** tomates, betteraves, blettes, épinards, choux en tout genre (chou de Milan, kale, cabus, romanesco, chou-fleur…), poireaux, persil **DEUXIÈMES SEMIS** laitues	**PLANTATION** ail rose, échalotes, oignons **REPIQUAGE** laitues **PREMIERS SEMIS** radis, petits pois ridés, carottes, navets, roquette **DEUXIÈMES SEMIS** fèves, petits pois lisses, mange-tout
AVRIL	**REMPOTAGES INDIVIDUELS** tomates **PREMIERS SEMIS** aneth, basilic, ciboulette, coriandre, concombres, cornichons, courgettes, maïs, tournesols, pastèques, melons, courges, céleris **DEUXIÈMES SEMIS** tomates **TROISIÈMES SEMIS** laitues	**PLANTATION** pommes de terre, topinambours, pieds de petits fruits en tout genre (fraises, framboises, cassis, mûres…) **REPIQUAGE** laitues, choux, betteraves, blettes, épinards **PREMIERS SEMIS** betteraves, blettes, épinards, haricots **DEUXIÈMES SEMIS** petits pois ridés, radis, carottes
MAI	**PREMIERS SEMIS** choux de Bruxelles **DEUXIÈMES SEMIS** maïs	**PLANTATION** patates douces **REPIQUAGE** aneth, basilic, ciboulette, coriandre, persil, laitues, concombres, cornichons, courgettes, maïs, tomates, piments, poivrons, tournesols, pastèques, aubergines, melons, courges, céleris **DEUXIÈMES SEMIS** haricots, épinards, betteraves **TROISIÈMES SEMIS** radis, carottes
JUIN	**DEUXIÈMES SEMIS** concombres, courgettes, courges, choux en tout genre (chou de Milan, kale, cabus, romanesco, chou-fleur…)	**REPIQUAGE** courgettes, courges, choux de Bruxelles, maïs

[1] Il existe plusieurs variétés de petits pois dont des pois lisses et d'autres ridés, que l'on sème plus tard.

JUILLET	**PREMIERS SEMIS** fenouils	**REPIQUAGE** concombres, courgettes, courges, choux, poireaux **DEUXIÈMES SEMIS** blettes **TROISIÈMES SEMIS** haricots, betteraves
AOÛT	**PREMIERS SEMIS** choux chinois	**REPIQUAGE** fenouils **PREMIERS SEMIS** mâche, radis d'hiver **DEUXIÈMES SEMIS** navets **TROISIÈMES SEMIS** épinards
SEPTEMBRE	**QUATRIÈMES SEMIS** laitues	**PLANTATION** pieds de petits fruits en tout genre (fraises, framboises, cassis, mûres…) **REPIQUAGE** choux chinois **DEUXIÈMES SEMIS** roquette, mâche, radis d'hiver **QUATRIÈMES SEMIS** radis, épinards
OCTOBRE	**CINQUIÈMES SEMIS** laitues	**PLANTATION** ail blanc, ail violet, oignons **REPIQUAGE** laitues **PREMIERS SEMIS** moutarde **CINQUIÈMES SEMIS** radis
NOVEMBRE (jusqu'au 15)		**REPIQUAGE** laitues **PREMIERS SEMIS** fèves, petits pois lisses

Les variétés testées et aimées au potager

Légumes racines

Carotte Marché de Paris, rouge sang et touchon
Betterave Plate d'Égypte et Crapaudine
Navet à collet violet et Boule d'or
Radis Cherry Belle, French Breakfast et Sora

Légumes feuilles

Cressonnette marocaine
Laitue Dorée de printemps, Merveille des quatre saisons et Romaine Rouge d'hiver
Mâche
Mizuna
Moutarde Osaka Segal
Roquette

Blette Bright lights
Épinard Géant d'hiver et Matador

Chou Pak choï
Chou kale de Westland et Noir de Toscane

Légumes fruits

Tomate cerise Cocktail clémentine, Poire jaune ou rouge et Black Cherry
Tomate cocktail Miel du Mexique
Tomate Ananas et San Marzano
Courgette Black beauty et Sativa
Potimarron Red kuri
Courge Musquée de Provence
Courge Sucrine du Berry

Légumineuses

Fève Aguadulce et Supersimonia
Pois Douce Provence et Rondo
Haricot Blauhilde, Neckarkönigin, Triomphe de Farcy et Reine des pourpres

Aromates

Basilic genovese
Persil plat
Coriandre
Aneth
Ciboulette

Fleurs

Bleuet
Bourrache
Cosmos Sensation
Capucine grimpante et Moonlight
Chrysanthème comestible
Mauve de Mauritanie
Nigelle de Damas
Souci des jardins
Tournesol Nain jaune et Mammouth

REMERCIEMENTS

Quand j'ai commencé à dire que j'écrivais un livre sur les semis, les personnes de mon entourage m'ont dit que cela ne pouvait pas mieux tomber pour quelqu'un dont deux des plus grandes passions sont le jardinage et la littérature.
Merci infiniment à Julie Giroud d'avoir exaucé mon rêve en me proposant de publier ce livre.
Merci à Pauline, d'avoir toujours été là, de l'être pour toujours. Et pour la petite maison qui m'a permis d'achever l'écriture de ce livre au vert.
Merci à Anne et Samuel qui ont éveillé en moi la révolution verte de ma petite vie en 2018.
Merci à Laurence, Jean-Michel, Ugo, Charles, Thierry et Anne-Claire qui ont confirmé que ma place n'était pas derrière un bureau mais dehors, les mains dans la terre.

Élise Ruiba partage ses expérimentations au jardin sur son compte Instagram @sicauplants

CRÉDITS PHOTOGRAPHIQUES

Toutes les photos ont été réalisées par Élise Ruiba, à l'exception des pages suivantes :
p. 17, p. 94 les deux photos du bas, p. 104 : © Lalie Quilliou.
p. 21, p. 94 les deux photos du haut, p. 132, p. 147 : © Maxime Hérivaux.

www.lerouergue.com

Achevé d'imprimer en février 2024
sur les presses de SEPEC à Péronnas - 09504231132
dépôt légal : mars 2024
ISBN : 978-2-8126-2566-4
Imprimé en France

Certifié PEFC
Ce produit est issu de forêts gérées durablement et de sources contrôlées
PEFC
10-31-1470
www.pefc-france.org